人生に悩む人よ　藤やん・うれしーの

続・悩むだけ損！

藤村忠寿
嬉野雅道

人生に悩む人よ　藤やん・うれしーの
続・悩むだけ損！

目次

はじめに

人の悩みを聞く、というのは、それを聞いているほうの心も苦しくなる、と思われがちですが、我々の場合そうでもなくて、こう言っちゃなんですが、わりと楽しみながらやっているところがあります。

悩みがある、と言われると、それはすごく切実で、親身になって解決策を考えてあげないと事態はますます悪化するようで、「待ってて！　今すぐ行くから」みたいに、他の用事もすっ飛ばして大至急駆けつけることが必要となります。でもこれが、愚痴を聞くとなると、一気に切迫感は薄れ、「わかったわかった、後で飲みに行こう」ということになり、「そりゃあ向こうが悪いよなぁ」なんてことを言ってあげれば、だいたい事は収まるみたいなところがあるわけで。

そもそも、悩みと愚痴の境界線ってどこにあるのだろうと考えてみると、実は同じことでも、打ち明ける側と聞く側の態度や性格によって、それが深刻な悩みになるのか、単なる愚痴として酒席の格好の話題になるのか、が分かれるような気もするんです。我々は、人の愚痴を聞くのがわりと好きなほうで、むしろ嬉野さんなんかは、「最近、なんか愚痴ないの？」なんてあちこち尋ね回るぐらいの愚痴好きで。でも、そうは言っても悪い愚痴ってのもあって、それは自分のことを棚に上げて他人の悪口ばかりを言いつのる愚痴で、そんな愚痴は聞きたくもないし、聞く必要もない。何より人間社会をよくしない。一方、よい愚痴というのは、愚痴る側に明らかな正当性が認められるのに、それが受け入れられずに、つい暴言となって吐き出される愚痴。そういう愚痴は、当事者の問題がたとえ解決されなくても、大きな意味で、人間社会を浄化する役割を持っていると思うのです。だから我々は、そういう愚痴には身を乗り出して聞き入り、「いやぁー、今日はいいお話が聞けましたなぁ」なんつって、逆に晴れ晴れとした気持ちになったりするんです。

ここに寄せられたお悩みも、受け取る側の我々が深刻な悩みというより、よい愚痴と受け取って聞いていたりするので、だからわりと楽しいんです。これからお読みになるみなさんも、そんな受け取り方でお悩みを読んでみてください。

藤村忠寿

お悩み その1

人は歳を重ねるごとに変わると言いますが、僕は今の自分の考えや、大切にしているものが変わってほしくないと思うのです。

でも、今後いろいろなことが起こった際に、今の自分が嫌悪するような人間になってしまうのではないかと不安です。

人間は本当に変わってしまうのでしょうか。

（20代男性）

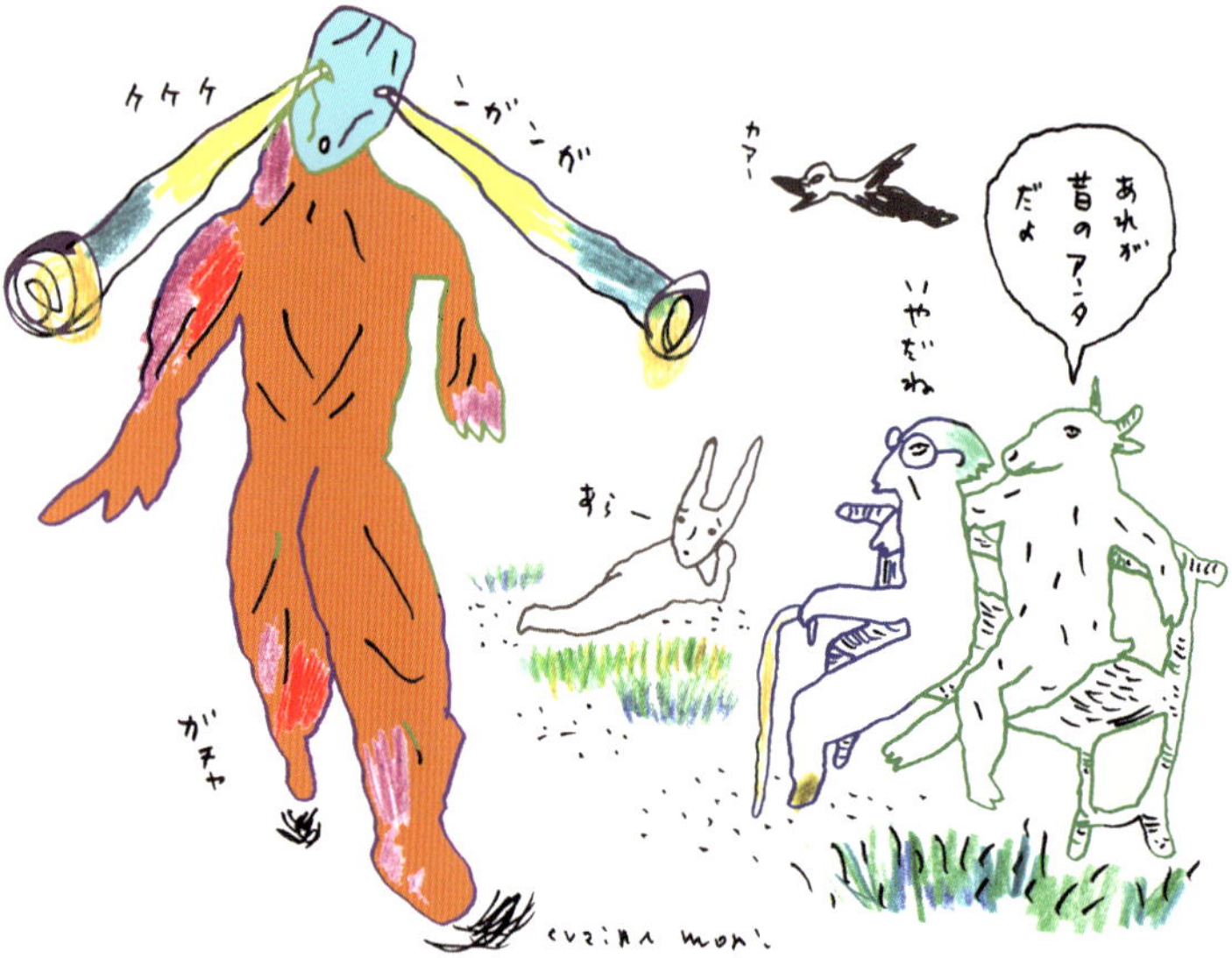

藤村より

キミはきっと「昔はいい人だったのに、なんであんなふうになっちゃったんだ?」みたいな人を見たんだろうね。自分の親なのか、会社の上司なのか、それとも友人なのか。「ぼくはあんなふうにならないぞ」と。「今のままでいるぞ」と。でもやっぱり、人は変わっていくんだろうなって、自分もやっぱり変わってしまうんだろうなって、そこが不安なんだよね。つまりキミの中では、「変わる」=「悪いほうに変わる」という意味合いが強いわけだ。でもこれが「よいほうに変わる」のであれば、なんの問題もないわけだよね?むしろ歓迎だ。じゃ、そのあたりのところを話していこう。

人は歳を重ねるごとに、やっぱり変わってしまうところもあるし、でも変わらないところもある、と思います。

その、「変わっていくところ」と「変わらないところ」を区別して、見極めることが重要だと思うんです。

たとえば。

ガンコな人ってのは、やっぱりいくつになってもガンコだな、変わらないな、と思うじゃないですか。その人が歳を取って、それなりの地位についた時に、そのガンコさが前面に出てしまうと「人の意見を聞き入れないわがままな人」になってしまうわけですよ。「あなったら終わりだよねー」『昔はもっといい人だったのにねー』『変わったよねー』みたいな。でも、歳を重ねていくうちに、さすがにガンコだけで押し通すことが難しいとわかってきて、たまーに、人の意見を素直に聞くようなことがあると、周りからは「おっ、まるくなったなぁ」なんて言われたりもする。「いやー、昔と変わりましたねぇ」なんて好意的に思われたりして。でもね、基本的には変わってないんですよ。それぞれガンコなところは、まったく変わってない。そこじゃなくて、それ以外の部分が歳を重ねることによって、よい方向か悪い方向に変わっていったということなんです。つまり、その人がそもそも持ち合わせている「ガンコだ」という性格は、根本的に変わらない。でも、自分の置かれている状況を読む力だったり、積み上げた経験を活かす力によって、その性格が表に出る時の出し方みたいなものが変わっていく、ということなんです。大事なのは、そこのところ。悪い方向に出てしまうと、「ガンコで人の意見を聞かない人」になってしまい、よい方向に出れば、「信念を貫く人」にもなるんです。

さて、キミの場合。

「今の自分の考え方」や「大切にしているもの」というのは、もともとキミが持ち合わせている性質的なものではなく、今、その状況において身についたものであるだろうから、それは「変わっていくところ」だ。だから大事なのは、今の自分の考え方を変えないことじゃない。そのまったく逆で、今後それが変わっていくことをうまく受け入れて、順応していくことなんですよ。変わっていくものに必死にしがみついていると、目の前の状況を読めなくなっちゃう。新たな経験を積み上げることができなくなっちゃう。そしてむしろ「変わっていけない自分」に苦しむことになってしまう。大切なのはずっと自分の中にある、自分ではどうしたって変わらないところを見極めて、それを状況に応じてうまく出していけるかどうか、だと思うんだよ。自分はガンコなのか優柔不断なのか、楽天家なのか悲観的なのか。どんな性格であっても、状況を読んでうまく機能させれば、優柔不断が優しさにも変わり、悲観的なのが慎重さにも変わって、イヤな人間にはきっとならないと思うよ。

先日、千歳空港から札幌に帰る電車で、こんな人を見てね。身なりのいい老紳士でさ、たぶん、どっかの会社の偉いさんなんだろうね。札幌駅が近づくと、カバンを持ってすっと立ち上がってね。そしたら、秘書か何かだろうね、後ろに座っていたスーツ姿の女性がすかさずカバンを持とうとするんだけど、それを笑顔で制してね。「大丈夫ですよ」と。で、その女性がこの後の予定みたいなことを話してて、それをひとつずつ「はい、わかりました」と、丁寧にうなずいていてね。それが実に自然で、身についた振る舞いで。だから、たぶんこの人は、昔からそういう人なんだろうな、と思いましたよ。偉くなってもそこは変わらないんだろうなと。環境が変わっても、この人がそもそも持っているところは変わってないんだろうなと。

あの人の考え方や大切にしているものは知らないけど、でもそんなことより、まず人として正しい人だなと思いましたよ。結局、大事なのはそこなんだろうなって。自分にそもそも備わったものが、よい方向に出るのかどうか、そこの違いなんだろうなって。変わるとか変わらないってことは、つまり、そういうことなんじゃないでしょうか。

嬉野より

あなたは、たいそう変わることを気にしておられるようですが、そもそも変わるとは何かということです。

たとえば今ここに、柔らかいパン生地があるとします。パン生地は触るだけで簡単に形を変えてしまう。柔らかいものは外圧をかけるとその圧のかかり具合にしたがって形状を変えてしまうものだからです。しかし形は変わっても生地の成分は変わらない。しかし、その成分とて、なんの管理もせずそのままに放置しておけば、その時その場所の環境に影響されて、あるいは乾燥し、あるいは腐敗菌に侵されてミクロ的なレベルで分解が進み生地の成分自体も変質してしまう。確かにそのような変わり方は不本意な変わり方ですから美味しいパンになるように適切な段取りで手早く焼いてあげたほうがいい。柔らかかったパン生地は、かまどの熱に焼かれて、ふっくら美味しいパンに変わる。これも変わることのひとつですが、この変化は望む姿への変化だったわけですから、この場合は歓迎される変化なのです。こう考えていくと人間もパン生地も同じです。言えることは、この世界に生きる者の定めは、環境に影響されずにはいられないということです。となれば、環境が変わっていくたびに、そのつど生き物は何がしか変わっていくしかないのです。進化の歴史とは、変化していく地球環境に生き物が巧みに適応しようと自らを変えてきた歴史のはずです。それを考えると変わるという事実の中には、そもそも生命に「変わってしまえるという柔軟な能力が与えられていたから」と考えることができるはずです。つまり、変わるとは、不意に激しい変化を起こしてしまう地球環境の中で、生き物が有利に生き続けるための可能性に満ちた大胆で前向きな戦略と言えるものかもしれないのです。

ただまぁ、そうは言ってもね。人間の一生なんてせいぜい70年くらいなものですから進化の尺度から見れば短すぎてね、ぼくら自身が変化していく様をぼくらが見る機会はないわけです。まぁ歳は取りますから外見はそれなりに変化しますがね。それでも私なんて者は、18歳の昔から三十数年経ちましたが、そんなに頭の中が変わった気はしません。今仮に、三十数年前の高校時代にタイムスリップして、今の中年の姿のまま、教室で授業を受けながら今の自分よりそうとう若いかつての教師たちに名前を呼び捨てにされても、なんの違和感もなく「はい！」と返事をすると思います。言いようもない懐かしさが込み上げるだろうとは思いますがね。そんなふうに、人の意識は歳を取っても変われないものですよ。あなたの心配とはうらはらにね。

ただ、明日、宝くじで不意に3億円当ててしまえばどうでしょうか。サラリーマンの私に3億円という額はべらぼうです。どう使えばいいのかわからないくらいのなじみのない金額です。そうなれば当然なじみのない生活に移行することもできるから「あの人も変わったよねぇ」という陰口を聞くような生活態度の男になるかもしれない。そういう時の変化は、あまり歓迎される変化ではないのでしょうね。でもその時、そういう人間を見ながら注意しなければならないのは、そいつは本当に変わったのだろうかということです。つまり、そいつは変わったのではなく、たんに本性が出ただけかもしれないのです。大金持ちになって交友関係も変わり、新しく関係を結んだ人たちは、どうしてだかみんな言うことを聞くようになってしまい、そいつに何を言われても誰も面と向かって文句を言わなくなった。世間という外部からやつの自我を抑圧する力が働かなくなれば、やつの内部に押し込められている、やつの本性というものは、押し込めておく理由を失い、たがはずれたように表面に出てくるのは当然だと思います。こうしてやりたい放題、言いたい放題の人になった挙句の変化を、ぼくらは見ているのかもしれないのです。それならば、その変化は本質的なものではない。誰の心の中にも自分勝手な本性はあるのですから。それを表に出せないのは「出すと損だ」と思っている間だけです。そういう状況のその人を見ながら、ぼくらはその人の性格を勝手に決めていたのです。そして彼が「出すと損だ」と計算したのは、彼が「自分に力がないから」と思っていたからです。

けれど彼は今、億万長者という「力」を得た。「力を得た」と教えてくれるのは周囲の人間たちです。誰も表立って彼に批判を浴びせなくなるという反応で教えてくれるのです。こうして自分の中の嫌な面が他人の目に触れる表面まで出てきてしまうのですが、その嫌な面は、もともと自分の中にあったものだから自分では自覚できないのです。こうして昔の彼を知る者には、彼が嫌な人間に変わったように見えるけれど、それはその人の中に昔からあった本性を見せられているだけなのです。だから、彼の内部で本質的な変化が起きたとは言えない。でも、世間で「人が変わる」と言う場合、だいたいこのケースではないかとぼくは思います。

あなたは変わるのが怖いと思っているようですが、生きていれば、何がしか変わってしまうものですよ。それに、変わってしまうようなものなら変わってしまえばいいとぼくは思いますし、また事実、変わってしまうものなのですよ。「生きている」は「感じる」だと思います。「感じる」がリアルの正体だなと思いますが、同じことを繰り返すうちに「感じる」は減じていきリアルは希薄になっていくものです。新しい経験をしないとリアルを「感じる」こともだんだんできなくなっていく。でも、リアルだけが「感じる」を通して「想像とは違う」をぼくらに伝え納得させてくれるのです。想像と違ったのであれば、考え方は変えなければならない。こうして、生きていれば、変化は自ずと訪れることになるのです。20代のあなたは、20代までに得た「リアル」の経験値で答えを出しているに過ぎません。でも、経験は量より質かもしれないので、若いあなたが既に出している答えは既に完璧なのかもしれません。そうであれば、今後どのようなことを経験してもそれは変わることはないはずです。でも、変わってしまうのなら、それは変わってしまうような答えでしかなかったということではないでしょうか。

ぼくはむしろ自分など変わってしまっていいと思います。あなたが今、大切に保持しようとしている自分は、この先、どんなリアルに晒されても変わることのないものなのか、あっけなく変わってしまうものなのか、その変化をむしろ楽しんだほうがいいようにぼくには思えます。かまどの熱で焼かれても、ふっくら美味しいパンに焼き上がるのであれば、それは悪い変わり方ではないはずです。とにかく、最期まで生きてみないと自分の人生なんてわからないものではないでしょうか。50年と少し生きてきたぼくも、この先の人生がどうなるのかわかりません。最期はどこでどんなふうに死ぬのか。でも、そこまで経験して、やっと人生は終わるのですからね。この先の予測ができない以上、不安はどこまでもついてくるものです。でも、そこまで熱心について来てくれるのなら、どこかで開き直って、不安と、友達づき合いを始めるのも、案外いいのかもしれませんよ。心配してばかりいるよりはね。

お悩み その2

東京の暮らしに疲れたので、
北海道に移住したいと考えています。
北海道のいいところ、
不便なところを教えてください。
（20代女性）

しだいに
春の サクラが まちどーしく なるのよ
〜
それが ほっかいど なの
ふー

藤村より

内地の人々は、「北海道」とひとくくりに言いますが（私も愛知県生まれなんで同じでしたけど）、ここは四国と九州を合わせた面積よりも広いところですから、私の住んでいる「札幌」ということでお話ししましょう。

いいところ。まずは気候。4月後半の雪解けから一気に花が咲き乱れ、好天が続き、蒸し暑さもなく、休日は庭先でビールを飲みながらバーベキュー。この気持ちよさが10月後半の雪虫が舞い始めるころまで続きます。環境もよろしい。温泉も近くにある。そのくせ札幌は180万人が住む都会。でもその中心部は札幌駅から大通を経てすすきのに至るまでのおよそ2キロの範囲にコンパクトにまとまっています。そして、その街並はとても美しい。それは世界でもトップレベルだと思います。

不便なところ。まずは気候。10月後半の雪虫が舞い始めるころから暖房が必要となり、雨も多く、やがてそれが雪に変わり、薄暗い日が続き、路面が凍結し、雪かきに追われる毎日が4月後半の雪解けまで続きます。札幌は180万人が住む都会ですが、地下鉄の沿線をのぞけば、バスなどの公共交通機関が未発達。車があれば大型ショッピングセンターには行けるものの、お年寄りの多くはコンビニ頼り。車がなければ家に閉じこもることが多くなってしまいます。

でもその点、東京という町は公共の交通機関が発達し、近所には商店街があり、情緒のある町も残り、とても暮らしやすい、と私は思います。あれだけの大都会でありながら、物騒なことは少なく、町はとても清潔（世界の大都市と比べたら、そういうクリーンさは驚きです）。ただ、狭い範囲にあまりにも人口が集中しすぎていて、だから「疲れてしまう」ということかもしれません。

土地にはそれぞれ、いいところ、悪いところがあります。札幌はとてもいいところだとは思うけれど、やっぱり冬が近づくと、なんとなく「あー、また薄暗い日がくるのか」と思ってしまいます。実際、冬の間に鬱になってしまう人もいます。生まれ故郷の愛知県なら冬でも小春日和なんていう気持ちのいい暖かい日があるけれど、ここにはそんなものありません。でも、それでも札幌がいいと思うのは、ここには私の「仕事」があり、そこでの「役割」があり、信頼できる「人」がいるからです。札幌はいいところだとは思うけれど、もし、その3つがなければ私はここには住まなかっただろうと思います。

「仕事」と「役割」と「人」。それはその土地で、自分で探し出すものです。ですから、それなりの時間と労力が必要です。つまり、また疲れてしまうことになるけれど、あなたが東京の暮らしで感じている疲れよりも新しい土地で待ち受けている疲れのほうが、まだ我慢できると思うのなら、移住してもいいと思いますよ。

嬉野より

私は九州に生まれ育ちました。そして東京で仕事をしていたのです。そしたら女房と出会って一緒になった。その女房が「札幌に住みたいの！」と主張したのが、私が北海道に住むことになった理由ですと言えば、ずいぶんと他人事のようですが、まぁ詰まるところ、私は女房の主張に押し負けて「まぁいいか」と思い、東京での仕事を整理して、主体性もなく、はるばる北海道へ越してきたわけなのです。そういういきさつだけで、心強い知り合いもいない、なんの伝手もない北海道へ36歳で越してきて、よく仕事に行き当たったものだなぁと、今になって思います。こういう行動は今振り返ると無謀です。ただまぁそうしちゃったものだから今の私があるということでもあり。だから、おかしなものです、人生というものはね。

そんな女房の尻馬に乗った私は、引っ越して行く時も女房の運転するバイクの荷台に乗っておりました。私は積荷のような男なのでしょうか。物思う積荷というべき者かもしれません。積みたいと思う者がいる限り積んでもらって生きていくのだと思います。その物思う積荷である私と、ハンドルを握る女房と、そのころ飼っておりました愛犬とで仲良くバイクに乗って、東京↓栃木↓秋田↓北海道と、土地土地のキャンプ地にテントを張り張り、札幌へと3泊4日かけて引っ越してきたのです。季節は晩夏とでもいうべきころでした。越してしばらくすると札幌は秋でした。札幌という街は、それこそバイクで20分も走ると山が迫るような自然の中です。私はその年、おそろしく美しい紅葉を見ました。別に紅葉の名所に行ったわけではないのです。札幌に住めばあたりはやたらと自然です。小金湯温泉というひなびた宿の裏手に回ると川がありました。川の向こうには切り立つ崖を見せる小高い山がありました。その山がまるごと紅葉していたのです。雑木林の広がる山肌が見せる紅葉は、赤一色ではなく、黄色、オレンジと多様な配色を見せ、折からの西日を浴び全山を彩る原色は明るく燃えておりました。私は「目を奪われる」「目を奪われる」と心の中でひとり唱えながら眺め入りました。燃えてしまいそうな色彩であふれる山肌の背後には真っ青な空が澄み渡り、どこまでも広がるのでした。私は「息を呑む」「息を呑む」と心の中でひとり唱えていたことを今も忘れずにいるのです。その時、山の頂あたりに風が吹いたか金色に光る小さきものが、キラ光りしながら舞い降りていくのが見えました。よく見るとそれは輝く西日の中をくるくると旋回しながら川面を目がけて降っていく1枚の黄色い落ち葉でした。私は再び「息を呑む」「息を呑む」と心の中で唱えながら見惚れるのでした。

思うに。九州生まれの私は、その時、生まれて初めて秋を見たのだと思います。温暖な九州や本州に秋はないのです。秋は、いや、そもそも四季は、北東北《きたとうほく》以北のものだったかと、私は、北海道で幾冬も越すうちに思い知ることになるのです。

その年の11月の初めのある朝のこと。起き抜けに窓外に目をやると遠くの山の頂が早々と雪で白くなっていました。「11月に雪だよ！」と、子供のようにその場は、夫婦で、はしゃいだものの、その年の冬が50年ぶりの大雪ともなれば近所の公園はジャングルジムもろとも雪に埋没。「ジャングルジムが雪に埋まるってどれだけの雪よ」と混乱しつつも、見渡せば街中一面の雪景色です。生まれて初めて目の当たりにする文字通りのホワイトクリスマスにはやっぱり興奮を隠せず、しかしながら、ロマンチックな新雪も根雪となって、その後4ヶ月近く私の視界から消えることがないのだと知れば、話は徐々に変わっていくもので、夕方の4時には早々と日が落ちて夜になってしまう北国の冬は心細く、毎朝目にする新雪のきれいさにもすぐに飽きが来て、白一色の単調さと昼の短さに気持ちは次第に鬱々となり、初めて経験する北国の冬は暗い重石のように私の心に居座りました。酷寒だから地上に降り積もった雪は融けることができず結晶のまま屋根や地面にあるものだから、そこへ北風が吹き荒れると降り積もった雪は粉のように再び舞い上がって白い砂嵐のように荒れ狂い前も見えないほどでした。北国の人は、そんな中でもソリを引き引き夕餉の買い物に行くのです。

それから私は幾度も冬を迎えたのですが、何度経験しても北海道の冬になじむことはできませんでした。それどころか、冬が来ることに心のどこかで怯えるようになっていったのです。

　そんな私が札幌に越して8回目の冬を迎えた年のこと。ある日、私は早引けして、まだ日の明るい時間に会社の裏手にある住宅街の坂道を下っていました。歩きながら私は道の脇から突き出る木の枝にふと目が行くのでした。そこには、小さな芽吹きがいくつもありました。もしやと思い視線を落とすと、あれほど覆っていた道の雪も融け始めて、冬中姿を隠していたアスファルトの懐かしい黒い影がのぞいていました。北風は去り、北国に暖かい南風が吹き始めたのです。春。私は、胸がいっぱいになりました。そして意味もなく嬉しくなったのです。胸のつかえが、すうっと取れるような安堵感を覚えると、そこから心がどこまでも軽くなっていくのがわかりました。

　その時、世間はようやく3月の半ばを過ぎようとしていました。私はあの日、生まれて初めて春の喜びというものがあると知ったのだと思います。そして自分もひたすら春を待ち望んでいた生き物だったのだと知ったのです。長く、この心に覆いかぶさっていた重石から、あれは自由になる瞬間だったのでしょう。春の喜びとはそれだったのかと、私は、生まれて初めて気づきました。


　札幌は都会だからとりたてて冬の苦労はないです。それでも長い冬は心に重石を置くようです。でも堪えて日を暮らすことをしなければ、重石が消える日の素朴な喜びは湧かない。札幌は、南国育ちの私にそのことを教えてくれたようです。札幌は住みよい街です。ここで死ぬのだろうと、今は思っています。それでもこのころの温暖化で、根雪も冬の間のどこかで一度融けてしまう年が続いていてね。そうなると心は楽なんだけども春の喜びもいまいち色あせるものですね。

いいところは、不便なところがなければ、際立たない。そういうことなのだな、というのが、物思う積荷である私の回答です。参考になりましたでしょうか。

お悩み その2

お悩み その3

将来の夢を聞かれて「普通に就職して、普通に暮らしたい」と言ったら、父に「夢がない」と怒られました。ぼくはあまり成績もよくないし顔もよくないし得意なこともないので、普通しか無理かなと思います。父に怒られないようにするにはどうしたらいいでしょうか。

（10代男性）

藤村より

怒られないようにするには、「もしかしたら実現するかもしれない」というレベルで「一番高いと思われる夢」を言うことだね。たとえば成績がよくないとしても、体育が少しだけ得意なら「努力してスポーツ選手になりたい」と言っちゃうわけだ。そしたら親は、「おお！　おまえは勉強はできないけど、運動なら少しできるからな！　よしっがんばれ！」と喜ぶわけだよ。「物理学者になってノーベル賞を取りたい」って言うよりは、実現の可能性は高いからね。「いやいや！　スポーツ選手になるのもムリ！」って、そりゃあもちろんそうだけど、この場合実現するかどうかは問題じゃない。お父さんに怒られないようにするためには、そう言ってしまうのが手っ取り早いだろうな。

つまり、ウソをつくわけだ。

大人になってもね、会社なんかではよく似たようなことがあるよ。上司に「来期の目標を立てなさい」って言われて、「はい、来期も普通にやりたいと思います」なんて正直に言ったら「バカもん！」って怒られるよ。そこで大人たちは必死になって「もしかしたら実現するかもしれない」というレベルで「一番高いと思われる目標」を探し出して言うわけだよ。「これがこうなって、こうすれば、一気にこういう成果が得られると思います」と。「なるほど」と、上司はうなずいて聞くわけだ。「で、実現の可能性は？」と。「はい、かなり努力は必要ですが、ゼロではないと思います」「よしっ、がんばれ！」「はいっ！」と。これはね、ほとんどウソをついてるんだよ。だって「努力すればゼロではない」って、そんなのは当たり前のことで、それは「まぁ、できませんけどね」って言ってるのに等しいわけだからね。それをさもできそうに言ってるんだから、結果的にウソなんだよ。でもね、言われた会社の上司は、それで喜んでしまうんだよね。「そうか、部下がしっかり努力すれば、一気にそんな成果が出るのか」と。一時、夢を見られるわけ。安心できるわけ。で、それをさらに上の幹部に報告すれば、同じように「そうか！」と、安心させられるわけ。「キミのところはなかなか見込みがあるな」と。これを毎年繰り返していくと、実際それほど成果はあげなくても「高い目標を立てて上司を安心させる人」ってのが、どんどん出世していく、という不思議なシステムが会社にでき上がるんだ。実際の仕事はさ、「普通に」「普通のこと」をコツコツやってる人たちが支えてるんだけどね。

キミが生まれる前、30年ぐらい前の日本では、どんな田舎であってもそこに巨大な遊園地を作ったり豪華な建物を作ったりすれば人がたくさん来て、自分たちの生活がもっと豊かになるとみんなが思ってた。「こんな田舎町でも豪華なリゾート地になります」「もっと夢を持ちましょう」って言われてね。「そんなのウソだよー！」って、今のキミならわかるよね。でも当時はほとんどの人がそうなるって信じてた。そんな中で「リゾート施設建設反対！」なんて言ったら仲間はずれにされてしまうんだ。「夢がない」ってね。

でも本当は、自分たちの力を冷静に判断しなきゃいけなかったんだよね。自分たちが今、持っている力で、最大限のことをやるしかない、夢は一気に花開かないっていうことを自覚しなきゃいけなかったんだ。大人がね。

「普通に暮らす」っていう意味を、もう一度よく考えてごらん。キミがお父さんに怒られてしまったように、それは実はとても障害が多いことなんだ。人は「夢」という言葉にとても酔いやすい。現実を一気に変えたいと思ってしまう。そんな中で「普通のこと」を大切にしようとはなかなか言えない。「この会社をもっと大きくしよう！」と盛り上がっている中で、冷静に「今はまだ無理だと思います」「まずはここから片づけましょう」と、ひとり反対しなければいけないかもしれない。戦時中であれば「日本はこの戦争に負けます。もうやめましょう」と、命がけで言わなければならなかった。自分の町に原発が建設されるなら「便利さよりも、お金よりも、自分は安全に普通に暮らしたいのです」と、声を大きくして言わなきゃならない。

夢を持ち、夢を語ることは、決して悪いことじゃない。お金持ちになりたい、スポーツ選手になりたい、総理大臣になりたい、ラクをして生きたい……何を目指そうと、その夢の根底に「自分は人として、普通に、正しく暮らす」という信念があればいい。

「普通」という意味を、そこまで考えてみたのなら、お父さんに怒られようが、キミは自信を持って生きていけると思う。

嬉野より

なるほどな。

でもまぁこの際とりあえず、怒ってしまうお父さんのことは置いといて、普通に就職して、普通に暮らしたいというキミの主張、そこになんだか「なるほど」と思うところがあったのでそのあたりを考えてみたくなりました。そうだよね、「普通に就職して、普通に暮らす」、そこに安定した穏やかな生活があるのならば、確かにそれは今の時代、夢として目指すべきものになっているのかもしれないって、私はたった今そう思ったのです。もちろん「普通」ってなんだっけということは定義しなければいけないけど、とりあえず雰囲気だけで話を進めると、「普通に就職して、普通に暮らす」という人生は、もう夢なのかもしれないなぁと思ったのです。

だってね。確かに今の社会には、安定して穏やかに暮らすことを「普通」として約束してくれる雰囲気は世間のどこにもにありそうにない。そんな気はするよね。でも、キミのお父さんや私が、キミくらいの年齢だったころには、安定して穏やかである暮らしは「普通」のものとしてありふれた感じで世間にあったなと思うのです。経験的な記憶として語ればそうだと思うんです。あのころなら、ある意味、親の言うことを聞いていれば特別な能力などなくても、穏やかな「普通の暮らし」は手に入るものだった。そう記憶します。現に、普通を指向するキミの発言に、お父さんはうんざりして「夢がない」と言いきってしまうのでしょう？　ならば、それは、とりもなおさず、キミのお父さん自身が、そうした暮らしがわりと苦もなく手に入ったころに若者だったからだと言えるよね。あ。そうだ、そうだね。特別な能力なんかいらない、平均的な能力さえあれば手に入るもののことを「普通」と言うんだね。そうだね。だから平均的な能力さえあれば手に入る暮らしを「普通の暮らし」と言っていたのだね。そしてその手に入りやすい「普通の暮らし」が安定して穏やかな暮らしであるのなら、その社会はとても豊かでよい社会のような気がする。

あぁ、その記憶は私にもあるよ。私は九州の田舎街に生まれ育ったけれど、「普通の暮らし」と呼ばれる穏やかな人生を送る人たちは隣近所にあふれていたね。でも、いつの時代もね、あふれるほどあるものに若者は興味が湧かないよね。若者は埋没したくない、注目されたい、特別でありたいと願うものなのでしょうね。あのころも、安定した穏やかな生活は「普通の暮らし」と言われるくらいありふれていたから、ありふれた生活を生涯続けるというイメージに若者は「夢」を感じることができず勝手に飽き飽きしていたような気がします。もっと上昇することを指向し始めていたのでしょうね。日本という国が、なぜかどんどん経済的に豊かになっていく途上だった。今振り返るとそんな気がしますね。

キミが生まれる前の話です。

　でも、安定した穏やかな暮らしが普通に手に入るということは、社会を運営する者の側にそれを提供してやろうという意識というかムードがあったからだと思うのです。それを想うと、あのころはまだ大人たちに「社会を運営しているのは自分たちだ」という意識があったのだな。その大人たちとは、もちろんサラリーマンのお父さんであり、隣のおじさんであり、商店街のおじさんおばさんでありということです。そう、ほとんどの家庭のお父さんとお母さんは社会を運営しているのは自分たち大人なのだとゆるぎなくイメージしていたような気がします。だって、社会とは人間が生きていく場、つまり唯一の世界ですから。そこで生きていく糧を手に入れなければならないのが大人です。人間が生きていく場は、そこしかないのだから、成長した子供たちも、やがては、その社会に導き入れなければならない。そうして社会を運営させて、また次の世代の子供たちへとつなげていかねばならない。社会というのはそういう仕組みの下に新陳代謝を繰り返さなければ維持できない場所だと、みんなはイメージしていたと思います。

　だから若者も大人として認められるためには生きる糧を作り出す役目を担わなければならない。その能力を見極めるために大人たちは若者に度胸試しをさせた。成人式とは本来そういう目的で始まったもののはずです。そういう大人になるための資格試験のようなものを乗り越えて若者は大人の社会に入っていった。世界には食い扶持が限られているのだから、若者は大人の社会に入れてもらい、分け前をもらわなければ生きていけない。社会が作られた原初には、そういう現実があったはずと思います。もちろん若者は大人と認められさえすれば分け前を与えてもらえたのです。だから時代が下っても、お父さんの知り合いの口利きで有利な条件の勤め先に息子や娘を就職させるというケースもあったのです。

それなのに「親の敷いたレールの上を歩かされるだけの人生はごめんだ」というような「穏やかな暮らし」を軽蔑すべきものとして否定してしまう言葉が若者に持て囃された時代があったことも記憶しています。それが、キミのお父さんが若者だった時代です。おそらくあのころ、時代は加速度的に豊かになっていて、いつの間にか大人たちに認められなくても大人を出し抜いて社会に出ていく能力を持つ特殊な若者が出始めたのでしょう。それがかっこよく見えた。だから「特別な自分になることを目指す」それが「夢なのだ」というムードが湧き上がり始めてきた。でも、「親の敷いたレールの上を歩くだけの人生はごめんだ」というくらいですから、まだまだ、親が子供のために生きていくためのレールを敷いてあげる力を持っていた時代だったんだなということも同時にわかるわけで。

今の時代、そんな力を持つ親がどれだけいるだろう。お父さんだって突然職を失う時代です。お父さんの年齢で職を失えば次がなかなか決まらない。息子や娘たちを受け入れてくれる条件のよい勤め先もきわめて少ない。親が子の就職の世話をするどころか、親も子も、銘々に自力で生きていく道を探さなければならない時代です。子供のためにレールを敷いてくれるような大人はもうこの社会のどこにもいないのです。いつの間にか日本はそんな社会になっているのです。

こう振り返って考えると、ここに来るまでに、いろんなものを手放していった時代があったのだなと私は書きながらこの場であらためて思いました。今、大人たちは、若者に生きる分け前を与えることができなくなっている。つまり大人たちが「自分たちが運営しているのだ」とイメージできていた社会は、既に失われてしまっているということです。大人たちの足下も既に不安定なのです。

そんな時代に、普通に就職して、普通に暮らして安定した穏やかな人生を手に入れるのは、平均的な能力ではかなり難しいものになっているのかもしれないという予感がします。そして「平均的な能力があれば手に入った」はずの、安定して穏やかな「普通の暮らし」は、少し前まで確実にあったのに、そんなものは夢のない人生だとして気前よく手放してしまったのは、キミのお父さんたちの世代なのかもしれないな、ということを私は今漠然と思うのです。

以上のことをキミがふまえて、今という時代に立つ自分の足下の不安定さを見れば、「普通に就職して、普通に暮らし」穏やかに人生を送りたいというキミの主張は実現困難なものということになりそうです。

でも、困難なものを目指す時のキミの目の輝きは、自然と真剣で熱をおびたものになっているはずです。その目を見れば、お父さんはもう怒ったりはしないのではないでしょうか。キミはこれから、自分に備わっているだけの能力で生きていける道を自分で探し、そんな自分と一緒に人生をともにしてもいいと言ってくれる女性と早く子供をもうけて家族を成すのです。そうして若い2人だけの力で子を育てながらその日その日を生きていくのです。地道で慎ましい営みに音を上げず、自分たち家族の生活を守り、日を暮らし、その日々の中に小さな幸せをいくつも見いだして、やがてこの先のどこかで安定した穏やかな生活を獲得する。それが自分の夢ですと言うのなら、私は、そのことに勝る夢は、今、ないのではないだろうかと本気で思うのです。

お悩み その3

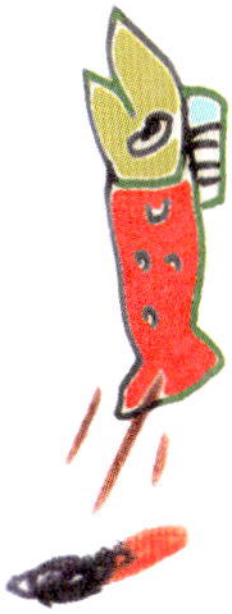

お悩み その4

私は社会人1年目なんですが、
仕事とは人生のどの位置づけに
なるのでしょうか？
最近、忙しすぎて、
仕事のためのプライベートなのか、
プライベートのための仕事なのか、
時々わからなくなります。

（23歳男性）

働くって
人が
動くって描くね
あのね！
活きるために
働く
生きるために
食う
本能が
そうする
明日を造ろうとするのさ
イチ
ニー
3、4

藤村より

今から20年ほど前、ぼくもキミと同じ社会人1年生でした。希望していたテレビ局に就職できたものの、配属された部署はまったく希望していなかったところで、その仕事をおもしろいとは思えませんでした。だからプライベートな時間を楽しもうって、バイクに乗ったり、山登りをしたり、川下りをしたりしていました。でも、そのためにはお金も必要だし、だからまぁ仕事もちゃんとやっておこうと、そんなことを思っていました。実際、ちゃんとやっていたと思います。好きではなかったけれど。

でもそれが、30歳を迎えるころになって、番組制作という自分が希望する部署にようやく異動することになって、でもその時は正直「今ごろ遅いよ」って思いました。自分はもう「仕事は仕事」って割り切ったんだから、もういいよって。だから、番組制作も「あくまでも仕事」っていう認識がありました。それは、「水曜どうでしょう」という番組を作っていた時もそうです。「この仕事は楽しい」というより「これはあくまでも仕事だ」と思っていました。鈴井貴之や大泉洋というタレント、そして嬉野雅道という同僚と出会ったけれど、「それはあくまで仕事上のつき合いだ」って。そうやって目の前の仕事を、仕事としてやり続けて、今46歳になりました。

そんな自分に「今の人生は充実しているか？」と問えば、「充実しているよ」と自信を持って答えます。なぜなら、いつの間にかぼくには信頼できる仲間が何人もできたからです。その人たちは、ほとんどが仕事を通して知り合った人たちです。そんな人たちと出会えたのは、入社当初のおもしろくないと思っていた仕事も、「これはあくまでも仕事だ」って割り切って始めた番組制作の仕事も、とりあえずちゃんとやっていたおかげだと思います。仕事をちゃんとやろうと思えば、自分の持ちうる能力を最大限に出すしかない。自分のすべてをさらけ出すしかない。そこにはもう余裕なんてない。そうやって仕事をすると、それに最大限の能力で真摯に応えてくれる人たちがいる。仕事をおろそかにしていたら、そんな人たちには信頼されなかっただろうと思います。でも今、そんな人たちと出会えたおかげで、46歳のおっさんサラリーマンの人生はとても充実している、そう思えるんです。

社会人を20年以上続けて、ぼくは「仕事とプライベートの区別なんてそもそもないんだ」ということに気がつきました。やっぱりどうしたって仕事は、人生の大部分を占めるものなんです。それを認めて、好きだろうが嫌いだろうが、自分の仕事に真摯に向き合えば、逆に仕事に振り回されるだけの人生では終わらないんだ、ということに気がついたんです。

お悩み その4

社会人1年目のキミへ。キミがそもそも持って生まれた「能力」とか「人間性」という根本的な部分は「仕事」だろうが「プライベート」だろうが、どうしたって出てくるものです。そこには本来、区別なんかない。それを無理やり区別しようなんて思わずに、どっちもちゃんとやればいい。仕事のためにプライベートがあるわけでもなく、プライベートのために仕事があるわけでもなく、あるのは、自分の能力を最大限に出していく、全力の人生があるだけです。

嬉野より

欲しいものがあってそれを買うためにお金がいるからバイトするってシンプルな考え方があるじゃないですか。つまり、目的があって、その目的のためにお金が必要だと思うから仕事をする。そんな時は、今のあなたのように「仕事のためのプライベートなのか、プライベートのための仕事なのか」とかって考えたりしないから、そもそもわからなくなったりはしないはずです。仕事をする初めに強く欲求することがあって、仕事をすることでその欲求が叶えられるとするのなら、あなたのような悩みって、そもそも生まれないと思うのです。

たとえば、あなたが書いている「プライベート」という言葉を「あなたがやりたいこと」「あなたが欲しいもの」と訳した場合、「仕事」は、そのあなたの欲求を叶えてくれるものなのですから、「仕事とプライベート」は対のものとわかるはずです。すなわち鍵と鍵穴のような関係です。鍵と鍵穴であるならば、どちらが大事ですか的な発想になどなるはずがない。解けない方程式を作って解こうとするようなもので、そんなもの、いくら考えても答えは出ず、ただただややこしくなっていくばかりです。

仕事は、仕事をすることで叶えようと強く願う目的があるからするのです。であれば、強く「やりたいと思うこと」が、あなたになければ、強く「仕事」をしたいと願うこともまたないわけです。そういう「なんとなく」な状況で仕事をしてしまうと、何かの拍子に、あなたを悩ましているような発想を生じさせてしまうのです。そう考えると、あなたには、そもそも、強く「やりたいと願うこと」がないから、仕事をする意味も見つけられず苛立っているということになりますね。私はなんだかそんな気がしますよ。物事はシンプルに考えるとスッキリしますね。でも、今の時代はどうしてだかシンプルに考えられないことが多くて、なんでこうなっているのかがわかりにくい時代だと思うのです。それこそあっちこっちで解けない方程式を作っては解こうとし始めて、シンプルだったものをややこしくしてしまっている時代と言ってもいいのかもしれません。

つまり「プライベート」の部分の解釈というか中身が、昔と違ってきたために面倒になっているような気がするのです。強く「やりたいと願うこと」がなくなっているから、強く「仕事をしたい」とも思えないだけなのです。「やりたいこと」と書くと少し大げさなようですが、強く「生きたい（食べたい）」と願うだけでも、強く「仕事をしたい」とシンプルに思えるものです。つまり、少し前までの人間社会は、強く「生きたい」と願わなければ生きていけなかった社会だったのです。だから誰だって強く「仕事をしたい」と願った。つまりシンプルでいられたのです。

でも、世の中が、なんだか豊かになって、強く「生きたい」と願わなくても、「なんとなく」で生きていけるようになってしまった。なんとなくで生きていけるなんていう経験はそれまでの人類にはなかったから、当然ながら仕事をしなければという想いも希薄になっていくのは道理です。そうなってしまったから鍵と鍵穴の関係も見えにくいものになっていくのです。こういう現象が、実はいろんなところに発生しているのが今という時代で、発生するたびに誰かが、あなたのように解けない方程式を思いつくようになり、いろんなところで解けないにもかかわらず解き始めようとしてしまう。そんなケースが増えている。今という時代のスッキリしない感は、案外そんな、人間がシンプルでいられないところに臭いの元があるような気がします。

ついでだから身内の話をしちゃいましょう。

実は、うちの部署にS野くんという現在26歳になる若い人がいます。彼はそれまで勤めていた堅気の仕事を辞めてプロダクションに入り（転職ですね）そこからHTBに派遣されてきたのです。1年と少し前のことです。その時、S野くんは、25歳になったばかりでしたが既に結婚していて2人の子持ちだったのです。

「25歳で2人も子供がいるの!?」

私は少なからず驚きました。まぁ近ごろそういう若さで子を持つという家族計画をあまり聞きませんし、そういう大変な身の上になった男が転職して、ぜんぜん畑の違う世界に入ってきたということで、もし、やっていけなかったらどうするんだろうと、要するに他人事ながら私は不安に思ってしまったわけです。乳飲み子を2人も抱えて家族4人で路頭に迷うわけにはいかないですよ。それなのに仕事も素人のままに、25歳で、子供を2人も作ってから転職してしまう。

どうしてさ。そんなに無計画でいいのかい、と。

私は年長者の立場から説教してやらねばいかんのではなかろうかと、ある時まで真面目に思っていたのです。

ところが、よくよく考えるとおかしなもんです。

織田信長のころは「人間は50年」の人生だと言っていたのです。かつて明治時代の終わりにサラリーマンの定年が55歳と決まった時、日本人の平均寿命は55歳だったそうです。人の一生を50年と想定すれば25歳で2人の子持ちなんて当たり前になってきます。いえ、日本人の平均寿命が短かった織田信長や明治時代の昔にまでさかのぼらなくても、戦後昭和の日本社会にだってS野くんみたいな子作り家庭はざらにあった。そして、そのころの日本人のほうが今よりよっぽど貧乏だった。それなのに、今という時代を贅沢に生きている私が、そういうS野くんの昔ながらの家族計画に懐疑的な反応を示すようになってしまっている。どうしてなんだろう。

日本人の平均寿命が延びているとはいっても、自分が長生きする保証はどこにもないのに、みんな勝手に長生きするはずと思っていますよね。でも人類の営みを振り返ってみるまでもなく、どんな時代だって人間はそんなにいつまでも元気ではいられない。今のような時代に夫婦が若くして子供を持つことが珍しいことだとしても、長い人類の歴史からすれば、そうしてきた個体のほうが圧倒的に多かったはずです。ならば文明がどれだけ高度になって快適な生活を送れるようになったとしても、S野くん夫婦のような振る舞いのほうが人類史的には正しいはずなのです。おかしくなっているのは、本当は私の頭のほうかもしれない、そうも思うのです。

なんだろう、自分がいつか死ぬ存在だということを忘れさせてくれる世の中になってから、生きる上での真剣な気持ちもまた薄れていったような気がします。

人が危険な目に遭ってきたのは過去のことで、それはもう、フィクションの世界にしか思えなくなっているのです。それくらい私たちは安全な世界に生きていると信じきっている。こんなに疑いもなく信じきってしまえるのは、ある意味、長い長い間、安全で豊かな社会が続いてきた証でもあるのでしょうが、あれだけの災害に見舞われ、今も問題は何も解決していないのに、それでも実際に被害を受けなかった私は変われないでいるような気がします。どうも私は、自分の身に、そしてこの現代日本に、この先にも死を招くような危険が迫るとは、この期に及んでもまだ思えないでいるのです。どうしてもそう感じたがってしまうのです。

それは、みんなもだと思うのです。そうして、人生は楽しみを味わうべきものだと決めつけているのです。だから楽しむためにある自分の時間を次々に奪っていく対象が出現するたびに、そういうもののあることが疑問に思えてくるのです。病気や事故や災害といったものは勿論そうですし、仕事もそう、子育てもそう思えているはずなのです。それらはみんな、楽しむためにあるはずの時間を自分から奪うものに思えるのです。お悩みのあなたも、そして私も、今の快適で豊かな暮らしがこの先も当たり前に続いていくと疑うことなく信じているからこそそう思うのです。

でもそれは、本当は、ひっくり返った発想なのです。

ある瞬間から、まったく違う世界になってしまったということが歴史にはあります。歴史は同じような事態を繰り返していますから、あることをきっかけに文明が瓦解して、もう一度石器時代からやり直すことだってあるかもしれない、ないとは言えないねぇと、私はこのごろよく思うのです。でも、そうは思いながら、私もあなたと同じように、やっぱり、人生は自分が楽しむための時間だと、決めつけたままにしておきたいようです。つまり今の豊かな時代がこの先も続いていくだろうとやっぱり信じて疑えないのです。だったら同時代人のS野くんも同じように思っているのかもしれません。

ですが、彼には26歳になった今年、それもこの原稿が更新されたころには、子供がさらにもう1人生まれて、S野くんはいよいよ3人の子の親となっているはずなのです。いまや彼の人生から自分の時間を楽しむという状況は消えたと思います。彼は職場にあっても家庭に帰り着いても仕事に追われ子育てに追われ、てんてこ舞いの日々を送るしかない人のはずです。それなのに彼は、自分の時間が持てないのは奇妙だと思い悩み、苛立ち、悶々としているようには見えないのです。

彼には働きたいと強く願う気持ちがあるということです。そこには家族5人、健やかに生きていきたいと強く願う欲求があるからです。つまり、鍵と鍵穴の関係がはっきり見える状況にいるのです。S野くんは、今のこの時代にあってもシンプルに生きていける状況を手にしているのです。

私は最初、S野くんを計画性のない男だと決めつけていました。それがある時期から、とても気になる男に見え始めたのです。あれはそう、今年の初め、「どうでしょう」の新作の枠撮りの現場でのことでした。「おや…」と思うことがあったのです。

S野くんは、ミスタさんの乗ったソリをカメラのフレームの外からロープで引く役でした。「どうでしょう」の現場はゆるっとしていますから、よそ見をしていますと、リハーサルからいつどこで本番に入ったかもわからないくらい緊張感のない現場です。それでも新人のS野くんとしては勝手もわからない現場で、いきなり、タイミングを指定されてソリを引くという重要な役割を仰せつかったわけですから緊張していたと思います。そのS野くんが、諸準備が終わり、そろそろ本番へ行きそうな手前くらいのタイミングで、「藤村さん！」と、自ら声を出して割って入って、自分がロープを引くタイミングをいま一度藤村くんに直々に確認している光景を私は見たのです。

いや、こうあらためて書くと、まぁS野くんは当たり前のことをしていただけなんですがね…。でもね、仕事に不慣れな新人ほど怒られたくないと思いがちなものです。だって人前で怒られると気分悪いし、かっこ悪いし、と思いがちですからね、そういう心理状態になりがちな人は自分の中に確信できていない状況があっても黙って曖昧なままにしてしまうものなのです。だから、もちろんS野くんの行動は仕事をする上では基本中の基本なのですが、でも、そういうことを踏まえると、彼が誰にも教わらないのにその基本をしたということは「この状況で自分がしなければならないことはなんなのか。そこが曖昧なままではいられない」という、おそらくそれは彼の持つ生来の気質に由来して取った行動だったのだろうと、私は直感したのです。

そのようなものを気質として生来的に持つ男なら、子供を作ってしまったという状況に身を置けば、気質としてその子をキチンと育てずにいられないわけがないし、そんな男が次々に子供を作るのであれば、それは具体的な計画に沿った行動以外の何物でもないはず。S野くんを数ヶ月間見るうちに、私はそう思うようになっていたのです。

S野くんは、ひょっとするとものすごい鉱脈の上にいるのかもしれない。なぜか私には、そのような予感がするのです。

S野くんは、なんだかものすごい鉱脈の真上にいて、そこを掘り始めている。そこを掘り始めたのは、たまたまのことで。おそらく、彼の気質に導かれてのことだったでしょう。その程度のことです。でも、たまたまであれなんであれ、掘り進む彼はいずれ大きな鉱脈に辿り着き、何かを掘り当ててしまうことになる。

つまり、今のような時代のムードの中に生きていては、とうてい行き着けない場所に向かおうとしている人。そんな予感がするのです。

S野くんは26歳という若さで、なぜか3人の子の親になろうと思った。そして困難を伴うに違いないS野くんの家族計画を受け入れ、S野くんと人生をともにしてもいいと思ってくれる女性が、S野くんの前になぜか現れている。そのことを思うと、不意に私は厳粛な気持ちになるのですが、その若い夫婦の間にようやく3人の乳飲み子がこのたび揃い、S野くんの家族はここに完成し、S野家にはこれから当分、生きることに精一杯の日々が続くのだと思います。でも、その精一杯の日々を生きる親子が精一杯だからこそ、彼とその家族を奇妙な時代のムードから守るのだと思えてならないのです。

彼らはきっと「家族」というシェルターに守られながら、この先、日本が荒野になっても生きながらえていくのです。その小さなシェルターの中で、これからS野くんと奥さんとその子供たちが見つけていく幸せは、ちっぽけなものばかりかもしれません。ですが、そのどれもが、彼らが自分たちの価値で見いだしていくだろう幸せばかりなのです。幸せと喜びの価値をつけていくのは彼ら自身なのです。彼らは彼らのレヴェルで生きていかざるを得ず、でも、そのことの積み重ねが、この家族の人生をシンプルなままに保ってくれるはずです。彼らは、彼らの身の丈で、自分たちの幸福を、家族5人の価値づけで作ってていくのです。

プライベート。自分の時間。楽しみを味わう人生。それらは具体的には何を指すのでしょうか。子供の世話に追われて慌ただしく動き回り日を暮らし、ふと眺める子供の寝顔や笑いかける顔に心安らぐものを感じる時間があるとすれば、それは誰の時間なのでしょうか。

自分のためだけに生きるより、子供という他者に振り回されて生きるほうが、おそらく生きやすい。そんなことはあるのです。でも、だんだんに、そんなシンプルな生活から気持ちが遠くなっていく。それが時代のムードという音もしない静かな嵐が残していく爪あとです。でも時に、そんな時代のムードの中でもシンプルな生活を続けてしまう者が出る。そんなことの不思議を、私はS野くんを見ながら、今も考えてしまうのです。

お悩み その4

お悩み その5

お二人はどんなふうに老後を過ごしたいと思っていますか？

（50代 性別不明）

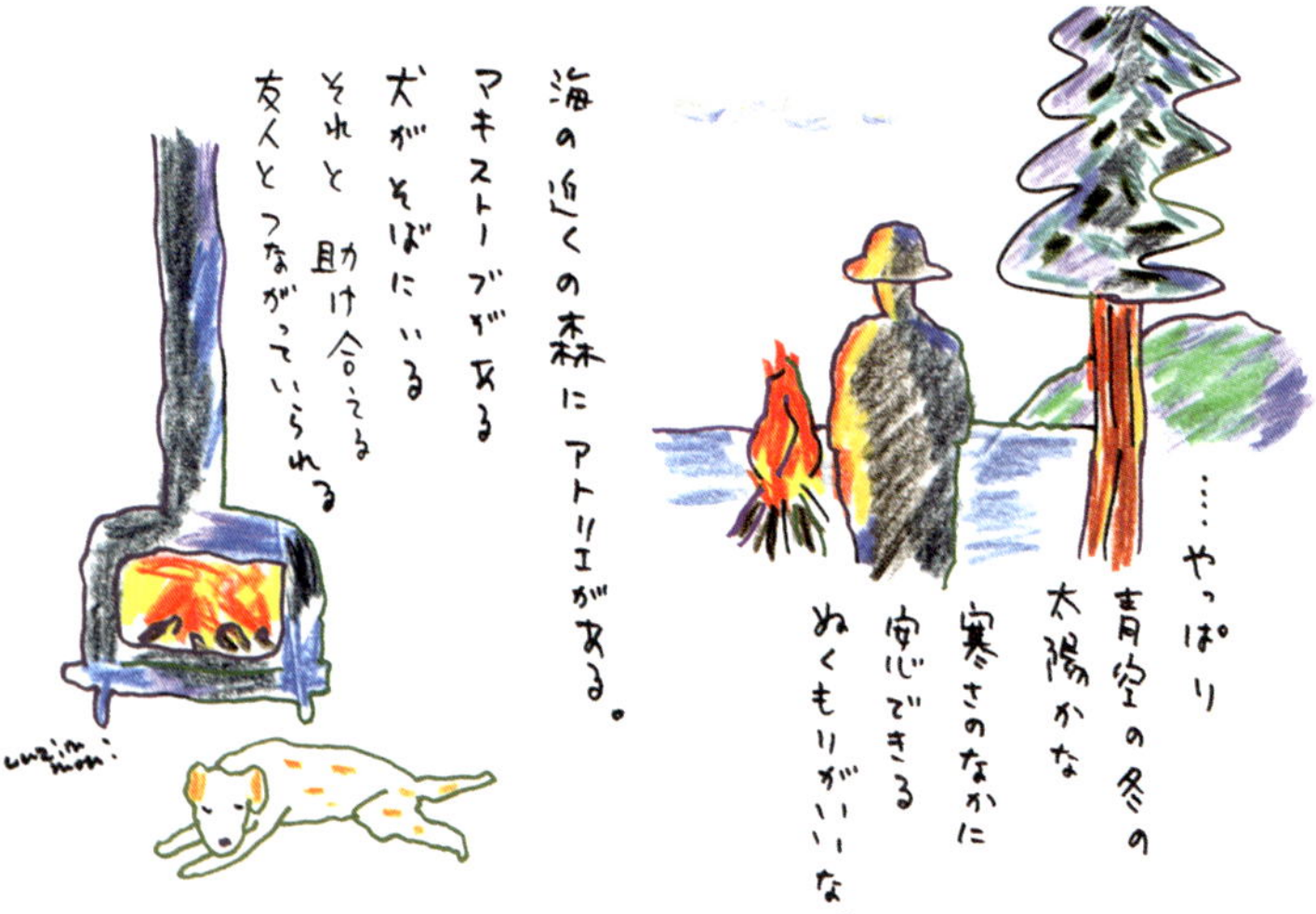
……やっぱり
青空の冬の
太陽かな
寒さのなかに
安心できる
ぬくもりがいいな。
海の近くの森にアトリエがある。
マキストーブがある
犬がそばにいる
それと助け合える
友人とつながっていられる

藤村より

何年後かわからないけど、「いつか、こうやって暮らしたいな」というのはあります。

物書きになって、札幌と、おふくろの故郷の屋久島と、親父の故郷の愛知県の田舎に、それぞれ自分の小さな書斎を持って、その窓からは雪景色と、海と、田んぼがそれぞれ見えて、気が向いた時にそこに行って、そこでなんか思いついたことを書いて、それを読んでくれる人がまぁできればそこそこいて、それが少しは社会の役に立って、でまぁ、あちこちの土地に飲み仲間がいて、行けばメシをおごってくれて、「来年も生きてたら、またおごってくれよぉー」なんてことを言ったら「うるさいよ！ 早く死ねよ」ぐらいのことを言ってくれて、で、年に1回は、鈴井とか大泉とか嬉野っていう戦友たちと温泉旅行かなんかに行って、「じゃじゃじゃじゃじゃじゃあカメラ回してみますか」なんつって相変わらずウザイことを言って、それを番組にして、それで食うには困らないぐらいの生活ができればなぁと、そんなことは思ってます。

で、それが本当に実現したらいいなぁと思っているので、会社の仕事とは別に、出版社の人と知り合って、思ったほどは売れないんだけど本を書かせてもらったり、あちこち出かけたら、そこの人たちと話をして「自分が何か協力できることがあれば喜んでします！」なんつって多少の恩は売っといて、「でもダメだったらよろしくお願いします」なんつって保険もかけとくぐらいのあざといことはして、それがまぁ、今現在46歳になったサラリーマンの自分にできることかなぁと思っている次第です。

でも、なんかどっかで、「それは実現しないだろうな」と思っている自分もいて。「それを実現したいな」と思っているうちに死んだなら、それが結局、一番いいだろうなって。

老後って、「いやいや、そんなもんあるのか？」って思うんですよ。

「姥捨て山」って、それはやっぱりあるんだろうなって。人に対して何もできなくなったらやっぱり終わりなのかなって。どんな小さなことでも、自分にではなく、人に何かできるうちが華なのかなって。だから、「自分のことだけを考えて生きながらえること」より、「次の世代のために、やがて迫りくる死を従順に受け入れること」のほうが、人生は清々しいものになるんじゃないだろうか。「死＝悲しみ」とは違うものを、最後に自分を看取ってくれた人たちに残せるんじゃないだろうか。それぐらいのことなら、年老いてしまった自分にもできることなんじゃないかって。それは、社会に対してなんの役にも立たないうちに、自分を勝手にあきらめて、自分は不幸だって勝手に決めつけて、そんな自分に酔いしれて、「最後ぐらいはオレに注目してくれよ」って、はた迷惑なだけの自殺をするのとはまったく違う次元の、自分にできうる限りのことをし続けて終える、「命」というものを全うすることで。

その年齢でできうることをし続ける。今の自分の延長線上にある自分が、将来に渡ってそこに居続けるだけのことだから、ある日突然老後とか、第二の人生とか、これまでの人生がパッと切り替わるなんてことはあり得ない。

「老後」って、だから、ないと思います。

あるカバン屋さんの、おじいさんの話を聞いたことがあります。その店の創業者であるおじいさんが突然倒れて、右半身が動かなくなって、病院に担ぎ込まれて入院して、ある日、孫たちがお見舞いに行ったら、おじいさんはベッドの上に起き上がっていて、動かなくなった右手ではなく、左手で皮カバンを縫っていて、「いや、左手だけで縫える方法があるんじゃないかと思ってな」とそんなことを言ったそうです。病に倒れた老人が、今さらそんな技を身につけたところで現場に復帰することはもう無理なんだろうけど、でも、カバン屋をずっとやり続けていた自分にできうることはそんなことでしかなかった、というだけのことです。でも、そんなおじいさんの姿を見た孫たちは、今でもその意志を継いでカバン屋をやっている。

勝手に自分の人生に幕を引くのではなく、人生の最後まで、自分にできうることをする。自分の人生が会社一筋の人生であれば、できるだけ会社にしがみついて、収入はガタ減りしても、多少邪魔もの扱いされても、自分のこれまでの会社人生をかけてできうる限りのことをし続ける。そうしていつか死を迎えた時に、「いやぁー、まだ明日やり残したことがあったなぁー」なんて考えられれば、それはきっと、次の世代に何かを残しているに違いないと思います。

だから、老後なんて考えずに、やりましょうよ、まだまだ。

嬉野より

少し昔までは、歳を取って働き口もなくなったらどっかの温泉町に越して、夫婦で小さな家を借りて住みたいなと思っておりました。湯量豊富な温泉町ならば、たいてい100円程度の料金で入れる共同湯がありますから、お金のない身になっても気丈夫です。明日も朝起きたら散歩がてら出かけて、ひとっ風呂浴びるのだと思えば前の晩から楽しみに寝ることができます。

朝湯に入れば多少の新陳代謝の作用もあって家に帰ってからの朝ご飯の味が格別です。朝から牛のステーキを塩と胡椒でジュージューに焼いてもらって炊きたての白いごはんとともにいただく。赤出汁のしじみのお味噌汁もすすりながらね。

夕餉には近所のスーパーのタイムセールで安く買い求めた大きめの鯵を自宅で三枚におろせば格安でべらぼうに美味い刺身が食えて、残った魚のアラで出汁の効いたアラ汁を作ってこれをすする。果報であります。

夏の日照りで朝から蒸してやりきれない日も温泉町であれば共同湯に出かけて湯に入るだけで湯上がりは涼味抜群。することすら思いつかない退屈な日には、さっさと共同湯に出かけて湯に浸かれば湯の中では不思議と楽しく時を過ごせるものですし、気の滅入る日があってもタオルと石鹸を持って午後の共同湯に浸かれば、どんな効能があるのか幾分と気が晴れていくから温泉というのは妙なもので、水を沸かしただけの湯とは明らかに人に及ぼす作用が違う。きっと生きているだけのことをゴージャスな気分に思わせてくれる効果と効能が温泉の湯とそれを守ってきた人間たちの文化の中にあるんだろうと思うのです。だから、特段何もしなくても、湯に入って気持ちよかったなと思えば、人はどこか充実した気分になれるのです。

私は住む家と出かける先があれば人生はわりとやっていけるなと思うところがありますから、温泉町の共同湯は、私にとって、出かける先とするに値する場所なのでしょう。大分の別府温泉ですとか、熊本の人吉温泉ですとかね、住んでみたい町ですね。ただ、そんな雰囲気の温泉町を守っているのが、どこの町も年配の方ばかりなので、私が老後を過ごそうかというころには、きっと今ある温泉は残っても、私が惹かれている好ましい温泉町の風情はすっかり変わってしまうのだろう、それを思えばきっとそのころには移住する気にはならないかもなぁと思い始めてもいるのです。

私は霊感少女の女房から「62歳があんたの寿命だよ」と言われておりますので、それを信じれば私にとっての老後というのはないようなものです。だってあと10年しかないってことなんですもの。言われたのは西暦2000年のある夏の晩でしたがね。いや、別にうちの女房は預言者ではないです。間違いなくそうです。ていうか、たんなる主婦です。それはわかってるの。ただ、その時、どうしたわけか「62歳」という年齢が私の中に刻まれてしまったのでしょうね。いえ、「信じてるの？」と聞かれましたら、「どうだろう」と私は笑って答えるわけです。そりゃそうです。「そんなこともなかろう」と思ってる部分もあるから年金もこつこつ納めているわけであってね。それに預言した女房も「納めるな」とは言いませんし（ねぇ、それってどうなんだろう？）。まぁいろいろいいかげんなところもありながら、でも、心のどこかで「いや意外とそうかもしれんなぁ…」的には受け入れてもいるということです。そらそうです、60代というのは何かそういう、人間がこの世界より黄泉の世界に近づくような時ですからね。

だから、あの晩から「62歳」は、私の人生の仮のゴールになったのです。そこで本当に終わるのかもしれないと思いながらこの11年を過ごしてきましたし、この先の10年も同じ思いで過ごすのだと思います。そしてそれが意外に悪くなかったのです。あの預言めいた女房の発言がなければ、私は平気で80代まで生きるだろう的な予定を勝手にイメージしながら生きてきたかもしれません。80代であれば、そうとう先ですが、62歳はもうすぐそこです。自分がこの世界から消えてしまう日が来ることを比較的リアルに、しかも半信半疑程度で、そしてどこまでも自分に都合よく受け止めながら日々を生きてこられたことは、実は悪くはなかったのです。

「みんないつか死んでしまう」

それは間違いのないことなのに、なぜか自分の死はいつも他人事にしか思えない。間違いのない事実と理解しているはずなのに、そのことが事実であるということがリアルにこの身に迫るほど、ただただ不思議に思えてしまう。生きているということは、きっと、そういうことなのでしょうね。人はきっと、日々に油断できなければ、生きにくいのですよね。

だったら油断するがいいのです。「今日も1日、無為に日を過ごしてしまった」としても、悔いず、勝手にのどかに呑気に生きていくがいいのです。人生は自分しだい。そういうことできっといいのです。そんなのどかな人生を送る後押しをしてくれるのが、私は、ひなびた温泉町の共同湯に守られて、こんこんと湧きいでる湯のありがたみの中にあるような気が今も無性にするのです。シケタ生涯を送りながら、それでも「人生はすばらしい」と、あの湯の中でなら、ウソでなく、言える気がするのです。

お悩み その5

お悩み その6

恥ずかしながら、
小生カツラを着用しております。
しかし、もう何やら疲れてしまいました。
上手に職場でカミングアウトするのに、
うまい方法がありますでしょうか。
笑われるのはツラいのですが、
嫌われるのもツラいのです。

（50代男性）

藤村より

これはもう本当に切実な問題でしょうから、悩める先輩の一助となるべく、40半ばの若輩者ではありますが、わたくしが今現在持てる力のすべてを出し尽くしてお答えいたしたく存じます。

先輩はそもそも、何故カツラに手を出したのでありましょうか。それはもちろん、なんらかの、自分にとっては切実な、のっぴきならぬ事情があったのでございましょう。しかしながらそれは世間で言うところの「下心」と申しましょうか、「ハゲてちゃかっこ悪い」「ハゲてちゃモテない」という理由が大きな部分を占めているものと推察されます。いやこれは決して批難しているのではなく、むしろそのような下心を若い男がなくしては、男がすたるというものでございます。1980円のスウェット上下で町を闊歩してしまうような男はダラシがない。キチンとした身だしなみでそれなりにかっこよくありたい。カツラの装着もそれと同じことです。カツラとて、値の張るものでございましょう。程度のよいものであれば、数ヶ月分の給与に匹敵するぐらいの支出があるやに聞いております。しかし、その額をひねり出してでも「私はカツラを購入せねばならない！　とにかく今はカツラだ！」という強い意志が、その当時はあったということでございましょう。まったくもって悪いことではありません。

しかし、それからいくばくかの月日が流れ、五十路を過ぎた現在、先輩は「もう何やら疲れてしまいました」と往時の下心的な欲求を捨て去ろうとしておられる。「かっこつけることに疲れてしまいました」と。それはつまり「若き日の自分は無理をしていたんだ」と、「ハゲる自分というものを隠そうとしていたんだ」と、「周囲の目をダマし、そして自分をもダマそうとしていたんだ」と、今そこに気づき、そこに決別をして「もう無理をせず、ありのままの自分でいたい」……そう思い始めたということではないでしょうか。とてもいいことです。

若かりしころの男は向上心が旺盛で、自分はもっと上に行ける、なんなら自分の熱意で毛も生えてくるかもしれない、そう思うものでございます。しかし、世間の荒波にもまれているうちに「あーそうか」と、だんだん自分というものがわかってくる。「あー、オレはハゲなんだ」と、「今さら育毛もないだろう」と、「オレはもう行ききっているんだ」と、どっかでそれを認めざるを得ない。いい歳をしてそんなことも認められない男は、いつまでも虚勢を張り、社会的地位でしか自分の立ち位置を示せないかっこ悪い中年男になってしまいます。そうなると陰で笑われ、正面切って嫌われる人になってしまいます。でも先輩はもう、「自分はハゲなんです」と宣言したいと。

人をダマし続けるというのはとても労力のいることです。「水曜どうでしょう」という番組では「大泉洋をダマす」というのが番組の大きなウリです。彼をダマすために我々は数ヶ月に及び彼との交流を避け、情報の漏洩を防ぐために社内にも箝口令を敷くという労力を必要とします。しかしながらそれは本番当日の朝、大泉洋の前で企画を発表する、というカミングアウトの瞬間があるからこそできることです。カミングアウトのないダマシは、途方もない労力を一生涯続けるということです。命が果てる瞬間でもカミングアウトできず、それこそ墓場まで持っていくしかない。そんな凄まじいダマシというのは、カミングアウトしてしまった瞬間に世界の秩序が崩壊し、人類滅亡の危機を迎えるぐらいの国家機密レベルのことだけです。「実は私、ハゲてました」なんていう程度のことで、国家は揺るぎません。人類も滅亡しません。先輩のハゲと国家機密とを同じ土俵で考えれば、それこそ先輩のカミングアウトは社会に対して、毛ほどの影響もないんです。

「カミングアウトするのに、うまい方法はありますでしょうか」と、先輩は問われました。あります。

それは、今申し上げた「ハゲと国家機密とを同じ土俵で論じる」という手法です。

「私は今まで他人を偽り、自分を偽ってきました。しかしこれからは、他人にも自分にも正直でありたいと思います。みんな、薄々気づいていたかもしれませんが、私はカツラです。そのカツラを、私はもう取ります。それは、これからの私は、私という個人がどうあるかではなく、この会社が……ひいてはこの日本が……ひいてはこの愛すべき地球がどうあるべきかを考え、その中で自分ができることをこの残り少ない会社人生の中でやっていきたいと思ったからです。さぁ……私は今からカツラを取ります。笑いたければ笑ってください。みなさんが今日、私のハゲ頭で笑ってくれたのなら、それも世界平和の一助となるはずです」。こう職場の飲み会の席で言ってやりましょう。ここまで言いきってしまえば、それはもう世界人権宣言ぐらいの、アメリカ独立宣言ぐらいの、歴史に残る高らかなヅラ宣言として人々の記憶に残るものとなりましょう。

いや……すいません。こんなことは言えませんよね。言えませんけれども、そのぐらいの気持ちでいてほしいと思うのです。五十路の男には、五十路の男なりにできることがあるんです。人生に残された時間はもうそう多くありません。その時間をまだ自分のために使うのか、それとも他のことに使うのか。そういう判断をするべき時が来ているんです。

確かに若いころのハゲは、まぁ確かにキツイですけれども、五十路を過ぎたハゲは逆にかっこいいじゃありませんか。ショーン・コネリーだって、ブルース・ウィリスだって、ぜんぜんかっこいいじゃありませんか。私はハゲではないですけど、トレードマークのヒゲはここ1年ぐらいですっかり白くなってきました。でもその白くなったヒゲを見て、決して悪い気分にはならないんです。「あー、とりあえずここまで来たかぁ」って思うんです。そして、「そうか、オレはあとちょっとがんばればいいんだな」って、そう思うんです。なんとなく自分のゴールがうすぼんやり見えてきたというか。今までいくつも山坂あったけれど、たぶんもうこれが最後の坂道かもしれない。もしそうなら最後の坂を全力で登りたい。スピードは遅いかもしれないけど、でも自分なりに全力で登りたい。そのためには今まで背負っていた重い荷物をなるべく捨てて、身軽になって、裸同然になって登れば、きっとゴールテープを勢いよく切れるだろうって。

先輩はね、もうカツラを捨てていいです。
そんなもの捨てて、最後の登り坂を、全力で登りましょうよ！

嬉野より

ある日突然、乗っけていたヅラを脱いだら、そらあなた、世間は笑うと思いますよ。そら誰だっておもしろいもの。しかも面と向かって笑えないでしょうから陰でこそこそ笑いますな。ですから、あなたの歩みの前後で、こそこそ笑いがさざ波のように起きます。あなたはそのさざ波に足下を洗われながらしばらく歩いていくしかない。でも、その笑いは、あなたを小バカにした笑いではないので、これを気にしてはいけないのです。あぁなんだろう、ほら、立派な出で立ちの紳士があっさりバナナの皮で滑って転んだ時、ぼくらは笑っちゃうでしょう。あれと同じです。緊張感の下、せっせと作り上げたであろう「見てくれ（偶像）」が、あっちゅう間にあさってのほうから崩壊を遂げ、台なしになっていく様を眺める時、人は笑っちゃうのです。おそらく、ホッとするんでしょうね。ホッとして笑っちゃう。なんて言うんでしょうねぇ、ぼくらはそれくらい緊張しながら生きているってことですよね。ほんとは誰もが他人の前で自分をよく見せようと振る舞いながら生きているんですよ。見てくれのよい人も悪い人も。貫禄のある人もない人も。子供だって若者だって年寄りだって、誰だって他人の前で自分をよく見せたがる。その想いが、自分自身に緊張を強いるのだと思いますよ。

気がつけばぼくらは、気疲れのする緊張感の中で毎日を生きているということです。そのことを普段、ぼくらは忘れているけど、本当はどんな時も他人の視線を意識して生きている。それは、ぼくらが、他人に対して少しでも優位に立てるよう振る舞おうとするからでしょう。あなどられまいとするからです。あの手この手で他人より有利な立場を確保しようとしてしまうのです。それが他人の中で生きる、社会で生きるということなんでしょうね。あなたがヅラを装着したのもその意識の延長上にあるわけで。そうするほうが社会で有利だとあなた自身が思ったからです。この世の誰もがそういう緊張感のもとに動いているからこそ、今、目の前で、不覚にもバナナの皮に足を取られて、せっかく緊張の持続の下に長年かけて作り上げ守り続けてきたであろう威厳をあっという間に台なしにしながら滑り転んでいく紳士を見ることで、ぼくらの肩の荷は、意外にも下りるのです。つまり、自分より先に、化けの皮が剥がれていく人を前にするわけですからね。周りで傍観する側の人間としては、相当精神的に優位に立ててますから、余裕が出ちゃって張り詰めた緊張もこの時ばかりはゆるめられる。「あぁやっぱり、あの人も、オレと同じに、よく見せようとがんばってたんだなぁ」って思うんでしょうね。束の間、勝ち誇り、やがて同じ境遇に同情もし、いつしかそっと共感する。だからホッとするんです。そうなるとね、張り詰めていたものがダランとなるもんだから緊張から解放された勢いでぼくらは「ぷっ」と吹き出して笑ってしまう。笑いの発生は、そういう気のゆるみが引き金となっているのです。

そういうことでね、あなたの場合もね、それと同じ状況を招くのですから、周囲は笑うのです。これはね、つまり周囲の人たちが人間である以上、どうしたって笑いは起きる仕掛けということですよ。だったらそれを阻止することはできません。だから笑わせてあげるのが一番でね。で、前で散々説明しましたように、あなたをバカにして笑っているのではなく、肩の荷が下りているだけですから、悪く取る必要はありません。周りの人にしたってね、あなたのヅラのない頭を見て、昨日までの緊張感が台なしになり、もうもう頭の中は無礼講状態ですよ。この状態の頭で、笑いを堪えることはできないのです。であれば、その笑いは遮断してはならない。むしろ腹いっぱい笑わせてあげる。ようするにあなた公認で笑って構わないとするわけです。周囲が笑いあなたも笑う。これが一番喜ばしい風景ですな。

しかしながら自虐的にあなたから「笑いなさい」的に、笑いを奨励してはいけない。周囲はあくまでも自分のタイミングで笑っちゃうのですから、ここを間違えてはいけない。あなたが「笑いなさい」的に仕切っても誰も笑えないのですから、そんなことをやったら逆効果です。あなたは飄々としているのが一番。

でもまぁ、とはいえね、笑われ慣れしていなければ気になりますし。へこむでしょうな。何より、なかなか飄々とはできない。そもそも飄々ってどんなことだったか、それすらもわからなくなる、そのくらいへこむ。で、まぁそういう日々がある一定期間、社内や取引先の前とかで続くわけです。そのことをあらかじめ覚悟しておく。そのうち周りもあなたの変化に慣れますから。一度慣れたらもうそれ以上あなたに関心を持つ人はいなくなります。100年前からヅラなんか乗せたことなかったでしょう的なことになって笑いのネタにもならない。もちろんヅラだと知れたからといってあなたを嫌う人なんかが出るわけがない。だってねぇ、そういうのは恋愛感情があってのことだからねぇ。あなた、50代なのですからね、風采の変化で急に評価を下げたりする筋合いのね、あなたに熱い視線を送っているだろう的な、妙齢の御婦人がいるわけでもない年ごろになられているわけですから。私もそうですが。そのことをあなた自身も感じるから、もうヅラ被っている心労から解放されたいと思ったわけでしょう。だからこそね。私は、あなたのような人に好感を持ちますよ。あなたのその「もう何やら疲れてしまい」という反応にね、とても好感を持ちます。これは流れとしてね、とても素直な反応だと思うのですよ。他人にはわからないところで、これまであなたは不必要に気を使い、不必要に悩み、不必要に嘆息し、不必要に気に病み、そもそも世間を欺くようで気後れし、不意のトラブルで露見しないように気を配る。その労力の積み重ねたるや莫大なエネルギーを要したろうと思います。そして、そのことの繰り返しから結局なんの答えも出るはずもなく、いつしか疲れて、もうどうでもよくなる。

人間はいろんなことに飽きますが、悩み続けていれば、悩み続けることにも飽きるのです。

あなたは悩むことを休むことなく続けてきたのだと思います。だから最後に悩むことにも飽きが来た。これこそが、あなたが辿り着いた答えです。「もうどうでもいいよ」というこのへとへとになるという境地が、悩みの果てに待っている、答えとしては唯一のものだと、ぼくは昔から思っているのです。そこへあなたは自力で辿り着いた。それはあなたの功績です。あなたは立派な人だとぼくは思いますよ。やっと自分を客観的に受け入れることができたのですから。ありのままの自分を受け入れる腹が決まったのですものね。一番困難を要する人生の難事業をあなたは克服したのです。そういうことだと思います。

私もこのごろめっきり毛量が減ってまいりましてね、頭部は徐々にうすら寒くなる今日このころです。あなたがお幾つのころからヅラを乗せておられたかはわかりませんが、もしも20代からとかであるならば、私は個人的にあなたに敬意を表しますな。あの多感な年ごろでヅラのお世話にならなければならない運命であったなら、ここまでの道のり、さぞやご苦労をされたことと私は思うからでありますよ。ほとんどの人が、あなたのご苦労などには露ほどの敬意も払うことはなくても、ぼくは、あなたに敬意を表しますよ。

お悩み その6

あなた、ご苦労さん。よくぞここまでがんばった。

そして今、あなたが、あなたの人生に投じてきた、その膨大なエネルギーを振り返りながら、あなたは、おそらく思っているはずです。

「ヅラかぶっても、たいした効果もなかったなぁ」と。

そんな、元も子もないようなことを思ってあなたはヅラを脱ぐ。そして意外に晴れ晴れとした気持ちで今思うのです。「なんだか、疲れちゃったからなぁ」と。

再度言います。

その境地にあなたが自力で辿り着いたこと。

それこそが、あなたの人生の果報です。そのことを、ぼくは知っています。

お悩み その7

私は車を運転したいという欲求が
あまりなく、免許すらないのですが、
やはり免許くらいは持っていたほうが
いいのでしょうか？
お二人は今まで運転できて
よかったと思うことはありますか？

（20代男性）

車にネ
寝袋とか
コーヒーセット なんか
つめこんでね
気持のいい
カンキョウでさ
川の流れを聞きながら
鳥のさえずり感じながら
子供の頃のように
昼寝
できることだよ
しあわせや

藤村より

私は小さいころから車が好きでしたから、大学に入ってすぐに免許を取りました。で、お金を貯めて車も買いました。当時はバブルでしたからね、学生でもバイトすりゃあ中古の車ぐらい買えたんです。紺色のファミリアでしたね。38万円。小さい車でしたが、その中で寝泊まりしながら、あちこち旅をしました。それから今まで合計7台もの車を乗り継いできました。車が好きだし、何より運転することが好きですからね。時間を気にせず、好きな時に、好きなところへ行ける。サンルーフを全開にして、音楽をかけながら、過ぎ行く風景をただ見ながら運転をする。好きなんです、そういうのが。

でもね、「もう車はいらないかな」と、最近思うんです。だって、とにかくお金がかかりすぎますよ。車1台、１００万円以上の買い物ですよ。そんな高額な買い物、よく考えたら怖くてできませんよ。でも「毎月の支払いは2万円ほどです」なんて言われて「まぁそれぐらいならねぇ」なんつってローン組んで、それが終わらないうちに「そろそろ車検です」なんつって10万円以上取られて、毎年数万円単位の保険料払って、数万円単位の税金払って、ガソリンスタンド行くたびに千円札が何枚も消えていって、一体オレいくら使ってるんだろう？　って。で、その金額に見合うだけのメリットって、本当にあるんだろうか？　って。そういう個人の金銭的な感覚からまず「車はいらないな」と思い始めたわけです。

さらに考えれば、社会的にも、もはや「車に頼る社会からの脱皮」が必要だろうと思うわけです。だって、無駄が多すぎます。人がひとり移動するのに、車はエネルギーを使い過ぎるし、場所も取りすぎでしょう。エネルギー資源もなく、国土も狭い日本では、どう考えても無理があると思うんです。ひと昔前の日本がそうであったように、公共の交通機関を高度に発達させたほうが、この小さな国には合っているんです。田舎町までちゃんと鉄道が走り、そこに駅があり、停車場があり、降り立った人々が行き交う道がそこにある。人々が行き交えば、そこに賑わいが生まれる。

私が住んでる札幌はね、いい街なんですよ。

札幌駅から大通を経てすすきのに至るまで、2キロもない範囲に、すっぽりと中心街がおさまっているんです。この区間だけでも車の乗り入れを禁止して、人と市電と馬車だけを走らせたら、すごくいい街になりますよ。もっと活気のある街になりますよ。道を、車のためにではなく、人々が往来するためのものにしてあげれば、人は自然とそこに集まってくるんです。札幌駅に降り立った人の前に、大通公園まで延びる、車の喧噪のない歩行者だけの気持ちのいい道があれば、人は自然と街の中を歩き出すんです。街を歩き回って、街に活気を与えるんです。でも、札幌を含め、ほとんどの街がそうであるように、街に車のための広い道を通せば、もちろん車はたくさん集まってきます。でも、「車に乗った人」が集まってくるだけで、「人」は集まってきません。彼らは目的地の点に降り立つだけで、街を歩き回らないので、街に活気は生まれません。当たり前のことなんです。車の通行を中心に考えるような街では、人は車という箱の中にいないと、ちゃんと扱ってもらえないからです。車のほうが大切にされるようなところに、長くいたいとは思いません。

数十年前の世界なら、車が走り回る街というのは、高度に発展した街という印象があったでしょうが、今、ニュースなんかで、街に車があふれ返って、渋滞しているような国の映像を見ると、それは、発展途上の国という印象を持ちます。

これまでは、自動車産業が日本の産業を引っぱり、車が快適に走るための広い道路が多くの公共事業を生み出してきました。そうすることで、人々の生活が豊かになると思っていた。でも、それはあくまで「目先の考え」でしかなかったことに気がつきました。もうこれ以上、環境を犠牲にすれば、豊かな生活どころか、人間自体が生きていけなくなってしまう、もうそのぐらいのところに来ているんだと。

あなたに限らず、最近は車が欲しいという若い人が少なくなってきました。それはなんだか、人間の本能のような気がするんですよ。これからの世界を生き抜くためには、環境に負担の大きいものに頼ってはいけないと、それをもう本能的な部分で察知した。移動は公共の交通機関、なんなら歩く、もしくは自転車、それで十分。それを「不便だ」と思う人は、以前よりずっと少なくなってきたと思うんです。第一、昔はかっこいいスポーツカーに乗っていれば女性にモテたんだろうけど、今は別にそんなのでモテやしませんし。

あんなに車好きだった私でさえ、もはや性能だとかスタイルだとか、そういうものに興味がなくなってきました。「車はいらないな」とは、思い始めていますけど、まぁ実際のところ、「でも車はねぇ、正直、今すぐ手放すわけじゃないんだけど、でもまぁ次の車検が来たら、軽自動車ぐらいでいいな」とは思ってます。たぶん昔、車好きだった中高年の人でも、こう思っている人って結構多いと思うんです。そんな人は、「まぁ免許は持ってたほうがいいんだろうけど、別になくてもいいんじゃない？」と言うでしょう。それが今の世の中の流れです。

まぁ、そういうことだから、「免許、持ってなくていいですよ」とお答えします。

嬉野より

私は運転免許を持っていますが運転には適した脳ではないと肝に銘じておりますよ。私はねぇ、とにかく眠くなるのですよ、乗り物に乗っているとね。それが乗っているだけの時ならいざ知らず、運転していても睡魔に遭うと回避できずいつの間にか気を失うように眠ってしまっているのですよ。怖ろしいことです。

あれはねぇ、20代後半のころだったでしょうか。まだ東京に住んでいたころです。私は渋谷の青山通りで日を違えて2回居眠り運転をしましたよ。白昼です。どういうことでしょうか。なんでこんなに眠くなるのでしょうか。その二度の居眠りとも運よくカーブに入る直前で目が覚めたのです。奇跡としか言いようのない偶然のタイミングでした。運転中どっかで意識をなくしてね、ふっと覚醒したらすぐ目の前にカーブが迫っていたのです。ぎょっとして、でもハンドルを切る余裕のあるタイミングで我に返れたので二度とも大事に至らずにすんでしまったのです。最初の時は、なにしろ最初だったものだから、運よく曲がり切れた後にホッとしてね「なるほどなぁ、人間ってのは意識がなくなってても自動運転できてるんだなぁ、その証拠に無意識が危機を未然に察知して意識を覚醒させたわけだもんね、そういうことだもんね、いやぁたいしたもんだなぁ」ってね、バカに呑気なこと思って感心してましたよ。つまり潜在能力的に人間は自動運転ができるからこそカーブの直前で眠っている自分に警報を出して自らを覚醒させたんだなぁって勝手に感心してたわけです。

それがね、それほど間を置かずに、またしても同じ現象を白昼の青山通りで起こしちゃったものですから、さすがに二度目となりますといくら呑気な私でも生きた心地がしないわけで。二度目の時はこうでした。ふっと我に返ると目の前に渋谷警察署が見えてきていてね、驚愕しました。あれはまだ青山通りを下った谷底の三叉路の交差点に渋谷警察署があったころです。今度の覚醒のタイミングはカーブではなく三叉路の交差点に入る直前でした。あの時、覚醒するのがほんの少しでも遅ければ、私は交差点に進入し渋谷駅方向に右折することもなく、そのままのスピードで直進し渋谷警察署の正面入り口に激突していたはずです。していたら大惨事を引き起こした張本人になって私の人生は変わっていたでしょう。いや、既に、この世のものではなくなっていたでしょうね。あの時も交差点内でハンドルを右に切ることのできる余裕のタイミングで覚醒し「ありゃ、またしても自動運転をしてしまったなぁ」と一旦は思い、ですが、交差点を抜けたころになって急に怖ろしくなり肝が冷え「こんなウソのようなラッキーなことが二度も続くようでは、次の三度目にはきっと命はないな」と、いいかげん呑気な私も「これは、私が運転してはいけない体質の者なのだという親切この上ない警告に違いない」と自覚し、そのことを肝に銘じたわけでね。
　とはいえ、それでもね、その後も仕事の都合で運転をせざるを得ない時もあるわけで。そこはやっぱり生活のためですから、その後も運転はしましたよね。ただ、とにかく居眠りしがちな男だという自分の欠陥を自覚しましたから、眠くなったらすぐに脇に停めて眠るということは徹底して行いました。

　ある時、仕事で単身、東京から木曽の奈良井宿へ夜のうちに行かなければならなくなりましてね。中央高速だったでしょうか夜更けに走ることになりました。今度は夜間ですよ。高速なのにカーブの多いところがありましてね、あんなに急なカーブが続いても毎日仕事で走ってるほうは道に慣れカーブの個所も把握し曲がり具合も熟知されているからでしょうか、とにかくものすごいスピードで走ってくるのです、そしてそれらの車がどれもデッカいのです。そのデッカい猛者たちに挟まれながら必死こいて走ってる余所者の私は、とうてい生きた心地はしませんでした。それだものですからね、夜の中央高速は怖かった。次々と巨大ダンプに煽られるのですよ。確かにあの緊張感の中では、さしもの私も眠いと思う余裕もなく。とにかく眠いより先に怖いのですから。あたりは暗いうえに道は不慣れでカーブが多い、デッカいダンプには煽られるしで、走りながら、なんだか気疲れしちゃってね、私は夜更けのパーキングエリアに逃げ込んだわけです。ちょっと気を落ち着けよ

う と思いましてね。でも入ってみるとレストランや給油所のあるサービスエリアと違ってパーキングエリアはトイレと自販機があるだけでとにかく暗かったですね。そんな暗いところには誰も来る気にならないのか広い駐車場には1台の車も停まっていませんでした。

私は車を停めてトイレに入りました。戻ってくるといつの間に来たのか私の停めた車の右側におっきなダンプが停まっていました。とにかくデッカいダンプでね。おそらく中でドライバーが仮眠をしているのだろうなと思いながら私は自分の車に乗り込みました。運転席に座ってみると窓越しに高く分厚い壁ができたような感じで、視界の右半分は、その壁に遮られて見えないくらいで嫌な圧迫感がありました。おまけにあたりは闇夜のように暗くてね。休憩に来たけど、なんだかここも落ち着かない場所になってしまったなぁと思うと長居せずに出てしまいたくなりエンジンを始動させるとそのままアクセルを踏みました。それなのに車が前に進まない。「おや?」と思いましたが、すぐ、サイドブレーキを引いたままだったことに気づきました。「なんだよ、サイド引いたままじゃないか」そう思ってサイドブレーキのレバーに左手を伸ばそうとした瞬間、目の前を真っ黒い巨大な影のようなものがものすごい速さで右から左へ掠めていったのです。ぎょっとしましたが、よく見ればそれは巨大なダンプだったのです。どうしたことか、ライトも点けずにパーキングエリアに進入したそのダンプは、そのまま減速もせずに駐車場の中を猛スピードで突っ走って私の目の前を横切っていったのです。私は右側に停車していた巨大な壁のために暴走してきたダンプにまったく気づかず、呑気に車を出そうとしたのです。ところが、サイドブレーキを引いたままで発進しようとしたものだからアクセルを踏んでも動かなかった。それで奇跡的にタイミングを遅らせることができて命を拾ったということなのです。もしあの時、一連の動作の中でサイドブレーキを解除していたら、間違いなくドンピシャのタイミングで前進した私の右から猛スピードで走ってきたダンプが激突して私は命も自分の形もなくしていたと思います。

あの時も命拾いをしたんだと気づいた後、自分の身に気まぐれに降ってきた薄紙一枚の幸運が、たまたま私の手の中に納まった、そのたまたまを選択してしまった偶然があまりにも自分の意志とはかけ離れた領域にあったので、その中に、生きるか死ぬかを分かつ深刻すぎる目が予兆もなく入ってくるという容赦のない現実が、わけもなく怖ろしかったり、不思議でたまらなかったりで、いまだに忘れることができずにいるのです。

車の免許を取ってよかったことは、ありましたね。いや取ってよかったというか取りに行ってよかったというか。これもよくわかりませんが、なぜか教習所で同じく免許を取りに来ていた女子大生のみなさんたちに異常にモテたという事実ですね。いやいや、こういうことを嬉しそうに書くのもバカバカしいといいますかね、道で100万円拾って持ち主が現れずに全額もらっちゃいました的な話ほどには共感は得ない予感がしますもんね。おめぇ1人がモテてた気になってるだけだろうが的なお叱りは受けそうで腹立たしいですね。でも嬉野さんがあんなに公然と集中してモテたことは後にも先にもないですね。

私が通った教習所は私の高校の後輩の親父がやってるところでね、「嬉野くん面倒見るから」的な勧誘を受けましてね、熱心に通いましたね。親父さんが折に触れ個人レッスンとかいろいろと便宜を図ってくれたりしましたね。毎日教習所のコースで運転するんですが、教官と2人とかではなくどうしてか女子大生と同乗させられるんですね、なんだかよくわかりませんが、あれも親父さんが便宜を図ってくれた一環だったんでしょうか。とにかく車の中で2人っきりですからね、そんな状況で毎日顔合わせてたらね、そら若い男女は話すようになるでしょ、それに目指す目標も一緒でしょ、だったら話題も合うわけで。相手もわからないことやできないことがあると不安でしょ、そういうことをこっちがわかっていたりできたりすると、なんとなくあれ、すぐに仲良くなっちゃうんですね…。

まぁ、自分でもほとんど意味のないことを書いてるなという自覚はありますよ。ありますけどもね、成り行きですから続けますよ。

彼女たちもね、大学に入った最初の夏休みだったし受験も乗り越えて大人になった解放感も手伝って、多少、頭がゆるくなって一時的に物事に寛容になれてたのでしょうね。そんなゆるまった頭の彼女たちには、既に20代半ばの社会人だった私は、それなりに大人に見えたのでしょうか。ただねぇ、残念なことに、あの時は、それこそ仕事でね「おまえ免許なきゃ現場で使えないよ。2週間で取ってこいよ」と厳命されましてね、里帰りしていた身の上でしたから、免許を取ったらすぐ東京へ戻らなければならない私だったのでね、どなたかと親しく個人的におつき合いする間もなくですよ、それこそ何ひとつ間違いも犯すことなく品行方正に無意味にモテたまま終わってしまったというね、あれって現実だったんですけどねぇ、なんだか幻みたいなね、感じですよ。おかしな現象でしたね。

まぁ、私の場合、車の運転に関わる話はそんなところです。おそらく車はいまだに、油断すれば私を地獄へ連れていきかねない代物であるはずと思います。そのことを免許を取ったことで私は身をもって知ったのです。そして、そのことを私に知らしめた三度の体験がなんとも不思議に思えてしまうのは、そこに死が潜んでいたからと思います。

死は、日常の世界に、時おり、いろんな角度から猛スピードで駆け抜けていく黒い光線のようなものだと思うのです。目にも留まらぬ速さでどこからともなく直進してきてどこかへ行ってしまう。それでも、私たちは、そんな光線の存在など気にしないで歩いている、走っている。黒い光を意識的に回避しているのではなくて、たまたまのタイミングで黒い光と交わらずにすんでいるだけ。運悪く光が進む前方にうっかり一歩を踏み出せば、そこで人生は終わる。生と死を分かつのはその交差のタイミングに、たまたまシンクロしてしまうか否かだけ。当たるか当たらないか2つに1つを引き当てる偶然だけのような気がします。ぼくはそのカードを三度も引きました。2枚しかないカードだったのにためらいもなく引きました。そうして当たり前のように生きているのですが、偶然引かなかったほうのカードはどれも死に神だったということです。2枚しかないカードのどちらかに死に神のカードが混じっていると知っていればとうてい引ける者はいないでしょう。知らないから平気で引ける。生きているとはそういう状態のことを言うような気がします。それでも、恐ろしい死の光線をかわし続けていたんだと実感する瞬間がなければ、生きている実感は持てないのかもしれません。

人生は、黒い光線に当たらないように歩くことではなくて、好き勝手に楽しげに歩き回っていたら、ある時不意に「えっ？」って思って、その時、自分は光線に当たっていた、というものであるような気がします。そうでしかないような気がします。

こんな答えを誰も求めてはいなかったと思いますが、どうしてだか、こういうことになってしまったのです。すんません。

お悩み その7

お悩み その8

私は、やる気がある時と
そうでない時の波がスゴく激しくて、
就職活動にもまったく力が入らない
ことが多々あります。
そのため、親や周りの人たちに
心配や迷惑をかけてしまいます。
少しでもその波を小さくしたいのですが、
どうしたらいいでしょうか。

（20代男性）

藤村より

「波を小さくしたい」っていうか、要は「やる気がない時の落ち込み方が激しい」ということだよな。やる気が出ないと、キミはもうホントになんにもやらんと。そうすると周りの人から「もうちょっとがんばりなさい」、「好きなことだけやってたってダメなんだよ」と、まぁそんな感じのことを言われるわけだ。そんなことは自分でも十分にわかっているからこそ「みんなに心配かけてるなぁ」「なんとかしたいなぁ」と思っているわけだよな。

「何かをしなければならない」となった時、たとえばキミの場合は就職活動ということになるけど、それが「ぜひともやりたいこと」なら、もちろん「やる気満々でやる」わけじゃないか。苦労してでも、頭を下げてでも、寝る間を惜しんででも、喜んでやるわけじゃないか。でもそれが「気が進まないこと」なら、できればやりたくないじゃないか。それはもう、当たり前のことだよね。ということはだ、「すべてがぜひともやりたいこと」であるならば「すべてをやる気満々でやる」わけだよ。でも残念ながら「やりたいことだけやるなんてことはできない」「世の中そんなに甘くはない」「気が進まなくても我慢してやらなきゃいけないことがある」って、みんな当然のこととして思っているわけだ。つまり世間的には「やりたくないことでもやらなきゃいけない」というのが、まず前提となっているわけ。この前提によって、「すべてがぜひともやりたいこと」なんてことは、「この世の中にはあり得ない」ということになっているわけだ。

でも世の中には、割と「自分のやりたいことだけをやっているように見える人」なんてのもいたりするわけだ。たとえば隣の嬉野さんと私は、よく人からそう言われる。でもだからといって嬉野さんも私も苦労してないわけじゃない。なんなら、かなりな苦労をしているとも思う。

じゃあなぜ「やりたいことだけやっている」と思われるのか。そこんところを今日はキミにお話ししよう。

嬉野さんと私に共通しているのは、「もう全面的にラクをしたいよねぇ」という、「世間的には堕落した考え方」を根本に据えている点なんです。

「めんどくさいことはしたくない」「気が進まないことはしたくない」「我慢はしたくない」ということを常々公言してはばからない。それをもうぼくらは前面に押し出して物事に当たっているんです。つまりぼくらは、世間的にはあり得ないとされている「やりたいことだけやってラクをする」という可能性を捨ててないんです。むしろ、それを目指している。

この前なんか私、嬉野さんにこんなことを言ったんですよ。

「最近、ツイッターとかあるじゃないですか。短文でチョロっとなんか書いて、それが手軽でいいみたいな。でもなんかオレ、それすらめんどくさいと思うんだよね。もう、本当にここで『疲れたなぁ』って、つぶやいただけでカネになるみたいな？　そんなシステムならやるんだけどねぇ」と。

さすがの嬉野さんにも「あなた何を言ってんですか」と失笑されましたけど、でもその後で嬉野さんは、「さすがですよねぇ、あなたは」と妙に感心していました。

これはつまり、嬉野さん自身も「全面的にラクをしたい」という考えの持ち主ですから、「そこまでラクをしようという考えはさすがだ！」と思ったわけですね。で、こうやって同意してくれる人がいたならば、私も「本当につぶやいただけでカネになるシステム」っていうのをちょっと真剣に考えてみようかなと思うわけです。真剣に考えてみた時点で実現の可能性はゼロじゃなくなる。もしかしたら実現するかもしれない。しかし、こんな非常識なことを実現するためにはかなりな苦労があるに決まってる。もう前途多難なわけです。でも最終的に「想像を超えるラク」ができるなら、ぼくらはそんな苦労は別に気にならないと、そう考える。つまり「ラクをしたい」という納得できる理由があれば、ぼくらはどんなことでも嬉々としてやるんです。それが人から見たら「やりたいことだけやっている」というふうに見えるし、実際ぼくらも「やりたいことをやっている」ということになるんです。

最初に言ったように、世間には「すべてがぜひともやりたいことなんてあり得ない」という前提があります。もうハナっからそう決めつけている。その時点で、いろんな可能性を勝手にゼロにしてしまっている。「世間はそういうものだから」というひと言で、何も考えずに「しょうがないから我慢してやれ」「気が進まなくてもやれ」という結論にしてしまっている。でも、理由がない苦労なんて、ただツライだけじゃないか。それは生産性のない、単なる我慢比べじゃないか。でも「そこを我慢できた者こそが立派だ」と世間では思われている。しかしそんなところからは、何も新しいものは生まれないだろうって私は思うのです。

いいかい。やる気が出るとか出ないとかは「性格の問題」なんかじゃないんだよ。キミが今直面している就職活動というものに、キミ自身が「目的と意味を見いだせていない」ということだよ。就職活動を「我慢比べ」としか思っていないということだよ。「真剣に考えていない」というだけのことだよ。

キミはなぜ就職活動をしたくないんだい？

考えるべきは、まずそこのところだ。そこで何かしら納得できる理由をキミが見いだせたなら、周りの人を少しは安心させられると思うよ。

「わかった。そこまで考えてるなら、それでやってみろ」って、みんなが前向きになれると思うよ。

嬉野より

これは、あなたの人生の問題です。であれば、あなたがこの先どうしたいのか、そのあなたの気持ちに、あなたが気づかない限り、何も始まらないですよ。大事なのはそっちを真剣に考えることのような気がしますね。まさか、あなたがこの先どうしたいかまで、親に考えさせたり私に聞いたりするわけにはいかないでしょうから。だって今日のお昼ご飯に何を食べたいと思うのかは、他人にはわからないことだし、知ったこっちゃないし、あなた自身が考えることだから。人生も同じことだと思うけどな。

食べたいものが思い浮かぶから出かける店も思い浮かべられるのであって、そこには、お腹が減るから食べることにも興味が湧くという流れがあって、食べる興味が湧くから、世間にどんな食い物屋があるのかを、常日ごろ、調べ回ったりするのも楽しみになるのだろうし、何よりお腹が減るという感覚は、食べないと身体が弱っていくから、食べられないということは危機的なことだからと、身体が自分に警鐘を鳴らしているわけであって、そのサインに促されてぼくらは食べ物を探すという行動を起こす。仮に、手元にお金がそれほどなければ、高くつく外食はあきらめて手持ちの金で食べられるものをと、スーパーに行って食材を安く買って家でお弁当を作って食べたりもする。飲まず食わずが続くと死んでしまうから、人はどうにかして食べようと動き出す。その繰り返しが人生だと思うから。どうしてもやる気が出ないですすませられるような呑気な問題ではないと思うんだけど、どうだろう。

やる気が起きないからお腹も減らないってそんな便利なことあるだろうか。あなたが人間である限りそういったことはないはずだから、もし、お腹がすごく減っているはずなのにやる気が起きなくてご飯を食べる気にならない日が続くというのなら、それは性格じゃなくてなんらかの病気だよ。病気ならその病気をまず治してからじゃないとどうしようもない。

でも、家にいろんなお菓子とかインスタントラーメンとかあって、そんなものがあるものだから知らず知らずのうちにちょこちょこ食べていたのなら、もうすぐお昼なんだけどそれほどお腹は減らないだろう。確かに時計の針はもうすぐお昼を指すんだけど、何か食べたいといった切実な欲求が起きないわけだから、当然お昼に何を食べようかというやる気が起きないのは当たり前だということになる。あなたが病気でないのなら、おそらくこのケースに該当するのだと思う。つまり、いつもつまみ食いできる環境にいて、お腹がそれほど減っていないから、何を食べたいか思いつかないという状況は、自発的な危機意識が生まれない状況でもあるんだよね。

極端なたとえ話をすると、もし今、戦場にいて命のやりとりをしているところへ敵が攻めてきた、それでもやる気がどうしても起きないから、戦う気にもならなければ、その場から逃げる気にもならない。このままでは親に心配や迷惑をかけるからどうすればいいでしょうかと、それでもあなたが思い悩んで聞いてくるとしたならね、それはそういう危機的状況に身を置いていても、あなたを救いに、あなたの親が駆けつけてあなたを救ってくれるということを、あなたが経験的に知っている場合においてだけだろうと思うのです。あなたが身を置いてきた家庭は、おそらくそういう家庭だったのだろうとぼくは思うのです。だからここで、「確かにそうですねぇ」とあなたが思ってくれない限りこれ以上話は進んでいかないのだけれどね。

仮に、ここまでのぼくの見立てに同意してくれるのであれば、間違いなくあなたは危機的な状況にいるのだけれど、あなた自身は自分の身に迫っている危機を自発的に認識することができないでいる人であり、そういうあなたを作ってしまったのは、あなたが自分の身に危機を感じる前にあなたを窮地から救ってしまう親御さんが、身の危険を自発的に感じる経験をあなたにさせてこなかったことにこそ原因があるということになるわけで。だから今のままの自分を正当化したければ「親のせいでこういう人間にさせられた」と言い続ければいいとも思います。そうなればあなたは被害者です。でも、あなたは親御さんとも良好な関係でありそうだから、そこまで自分を大事に守ってくれた親をむしろ正当化したいかもしれない。そうであれば、あっさり親の庇護から離れて、他人の中で生きていこうとすることを選んで、親が経験させてくれなかった自発的な危機意識を、親の救援がない他人の中に身を置いて、時間をかけて経験により獲得することが肝心だと思います。

それでも、実家が大金持ちであるのならね、一度、親御さんと膝つき合わせて、「迷惑をかけると思いますが、一生面倒を見てもらえないでしょうか」と切り出してみるのもいいかと思います。「お、いいよ！」という返事がもらえるのなら、それも家庭の事情だから、その時はなんの憂いもなく今のまま自分の気分に左右されながら生きていっていいのではないでしょうか。

でも、あなたの親御さんにそこまでの財力がないのであれば仕方ない。「自分たちの老後の生活を考えるだけで精一杯だから、とてもじゃないが、おまえの面倒はこれ以上見ることはできない」という答えが返ってくるでしょう。そういう具体的な言葉を親の口から直に聞くことがおそらくあなたの場合、大事だと思うのです。だってあなたは、おそらくその年になっても、自分の親が自分を見捨てるような言葉を吐くとは思っていないでしょうからね。でも、ぼくの言ってることがまったくの的外れであれば、あなたは読みながら

「何を言ってるんだろうなぁこの人は」と鼻白む思いだろうけど、ぼくとしてはその他に考えてあげようがない。

先日ニュースで、この4年の間に首都圏を襲う直下型の巨大地震が起きる確率は70%と言っていたけれど、もし首都が壊滅するような地震が起きた場合、どのようにしたら被災した人たちとその生活を迅速に救済することができるのかを、ぼくらは真剣に考えようとしているのだろうかとも疑う。それを思えば、平和と安全しか経験してきていない気分の中で、それでも自発的な危機意識を持つことが、人間にはことのほか難しいことであることを知る。生き物の行動は、怖ろしいほど経験に拘束され続けるものであるような気がする。身に迫る危機と頭では理解しているつもりでも、切実に肌で感じることができず、今日明日は大丈夫だろうと、ついに行動に移すことができないのだ。それは、無駄に労力を使っていたずらに体力を消耗しないようにという、生き物の身体機能から湧き上がるブレーキなのかもしれない。だとすれば人間は、自分が長い時間の中で経験してきたことだけをいつまでも信じ、経験したことのない危機を説かれても、決して行動には移せないものだということになる。

そのことに思い至ればあなたの抱える苦悩は、地球環境が巨大に変わろうとする変換期に対応できずにいる人類の抱える苦悩と同じだとも言えるのかもしれない。

それはなんだか怖いことのように思えるね。

お悩み その9

僕は人に優しくしたいと思い
行動しているのですが、
バイト先の上司からは厳しさのない
中途半端な優しさだと言われてしまいます。
でも中途半端と言われようとも、
僕の優しさも間違えてはいないと思うのです。
本当の優しさとはなんでしょうか。

（10代男性）

藤村より

キミ自身は「人に優しく接したい」と思って行動しているつもりでも、バイト先の上司からは「それは優しさじゃない」と言われるわけだよね。上司はキミのことを、「おとなしいやつ」とか「温厚なやつ」ぐらいにしか思っていないのかもしれない。でも、キミ自身は「優しさ」のつもりでいると。そこの違いはどうして生まれるんだろうね。

「優しい」というのは、「うれしい」とか「悲しい」とかっていう、「自分の中に生まれる感情」ではなく、あくまで、自分と接した「他人が受け取る感情」だよね。そこをまず整理しておかなきゃいけない。つまり、キミが「人に優しく接したい」と思って行動しても、他人がそれを優しいと感じなければ、それはもう残念ながら優しさではないわけだ。「自分の思い」がどうあれ、「優しさ」を感じるのはあくまでも「他人」。キミのことを「優しい人」ではなく「おとなしい人」ぐらいにしか思わない人もやっぱりいるわけだよ。一方で、バイト先の上司のように、「優しさには厳しさも必要だ」と思って行動しても、他人からは「怒りっぽい人」なんて思われているだけかもしれない。「優しさ」を決めるのは、あなたでも上司でもなく、他人なんだよね。

「優しさ」というのは、だから「自分の思い」は放っておいて、「他人の思い」のほうを「どう汲み取れるか」ということになるんだろうね。たとえば、人が悲しんでいる時に、一緒に泣いてあげることを優しいと感じる人もいるだろうし、「泣くな！」と厳しく突き放すことを優しさと感じる人もいるでしょう。つまりは、接する人によっても、その時と場合においても、「優しさの基準」というものは変わってくる。

「人に優しくしたい」という、その心意気はとてもいいことだと思う。でも、「僕の優しさも間違えていない」と思って行動し続けるのは、的外れだろうなと思う。「優しさ」は、自分の思いではなく、他人の思いだからね。「優しさ」は、他人が決めることだからさ。人によって受け取り方が変わるわけだからさ。キミが優しく接しているつもりでも、それを優しさと感じずに、余計なお世話だと思う人だっているんだよ。その場合、キミの優しさは、残念ながら間違いだったんだ。「本当の優しさとはなんですか」とキミは聞いたけれど、それは人によって違う。「万人に共通する優しさ」なんていうものは、ない。

「優しさ」なんて、そんなに多くの人に与えられないと思うよ。ちゃんと思いを汲み取ってあげられる人なんて、そんなにたくさんいないよ。だから僕は、「人から優しさを受けたのなら、その人にはちゃんと返す」ぐらいでいいんじゃないだろうかと思う。それぐらいしかできないし、それができれば、もう十分だと思うんだよな。

嬉野より

あんた、あんまり優しさなんかにこだわるのはおよしなさいよ、と、私は思うのでありますよ。だいたい、自分で自分を優しいやつだと思っている人ほど面倒くさいものはないですよ、と、私は思うのであります。それに「本当の○○」なーんつって、いろいろな物事を純粋培養できるかのように定義したがる性急さも、ここらでおやめになればいかがですか、と、私は思うのでありますよ。本当も嘘もないもので。誰かがそれを「優しさ」としてありがたく受け止めない限り、どこにも優しさなんてないものでしょう。

人を評価するのは他人です。あなたがどんな人物か、あなた以上に知っておるのは他人様です。だから、あなたの振る舞いの中に誰かが「優しさ」を感じるのなら、そこには確かに優しさがあるという、それだけのことです。だから、運動選手が肉体を鍛えるように、どこにあるのかわからないような自分の優しさなんかを鍛えようとする、そんなバカな考えはおよしなさいよと、まず忠告申し上げるのでありますよ。

優しさといえば、何かの本でこんなエピソードを読んだことがありました。

それは時代が江戸から明治になったばかりのころの話で、当時の誰かの聞き書きとして残されたものだったと思いましたが、ほれ、当時の交通手段は徒歩ですから、峠道を越えなければならないような難所には、旅人を馬に乗せて運賃をもらう馬方という商売があったそうで。ある日の夕方、旅の坊さんが峠越えをしようと歩いていると「お坊様、帰り馬だから乗っていきなさい」と馬方が声をかけてきた。つまり、日も暮れて今日の商売も終え、あとはもう人を乗せなくても引いて家に帰るばかりの馬だから、偶然通り会わせたのも何かの縁、お金はいただかないから乗っていってくださいというわけです。旅の坊さんは馬方の親切をありがたくいただいて馬に乗ることにする。馬の背に上がってみれば見晴らしよく揺れながら峠を越えていけるので坊さんは馬上でひと息ついた。ところが、峠が近づき坂道がきつくなってくると馬がよろけ始めた。右へよろけたかと思うと、こんどは左へよろける。そのたびに馬方は、右に行き左に行きしながら馬をかばい「親方、難儀だな。親方、ご苦労だな」と声をかけ馬を励ますのだそうです。「親方」という変わった呼びかけに馬の背から坊さんが問いかけます、「親方とは珍しい名の馬ですね。それにこの馬は足が悪いのですか？」。問われて馬方は答えます。「なぁに、年寄りなのです。もう何年もこうやって旅の人を背中に乗せては峠道を行き来してくれます。おかげでうちの暮しはたつのです。オレも女房も子供たちも、この馬に食わせてもらった。いい目も見せてもらった。こいつももう年なので、もう働かせたくはないのだけれど、この馬も恩義を感じてくれるのか、毎朝時間になると戸口に立ってオレの来るのを待っているのです。でも力がなくなってこのようによろけます。それでもしっかり歩いてくれるから、オレはありがたくって、こいつを親方と呼んで人間のように接するのです。でも、畜生は死んだら人間様と違って極楽へは行けんというで、こうやってお坊様を見かけた時には、乗っていただいております。ですからお坊様、ふもとに着きましたら、どうぞこの馬の後生を拝んで経をお唱えくださいませ」と言ったというのです。ふもとに着くと坊さんは、この馬のためにお経を読んであげたのだそうです。そんなお話だったと思います。

私はこの話が気に入りましてね。いや、もちろん吹けば飛ぶような世界です。でも、なんとも言えない優しさにあふれた、私には大切な世界に思えたのです。そして、こんな吹けば飛ぶような優しい世界を作ってしまうのが、世界のどこでもない、この日本という列島に身を寄せ会う人間たちの心のありようであるかのように私には思えたのです。偉人や英雄でなくとも朝な夕なに持つことのできる小さな小さな愛で満たされた世界です。その世界を摘み取られまいとする気持ち。その気持ちが、優しさの出発点にはあるのではないでしょうか。よろける馬を気遣い、馬方が、馬をかばい励ますのも、そうすることでその世界を守ろうとしているかのようです。力がなくなっても、毎朝時間になると戸口で馬方を待つ老いた馬も、自分が役目を果たせなくなるその日まで、人を乗せ続けることで、その世界を守ろうとしているように思えます。乗せてもらった坊さんが、ふもとでこの馬に経を読んだのも自分がたまたま目にしたその世界に胸打たれ守りたいと思ったからではないでしょうか。その坊さんからこの話を聞いた誰かが、この話を覚えて誰彼となく話して聞かせていたのも、吹けば飛ぶようなその世界をそれでも大切に想い摘み取られまいと願ったからのような気がします。そうしてこの話を聞いた作者が、書き留めようとしたのもその世界を守りたいと思ったから…。そうして、それを読んだ私が、その話をいまだに忘れないのも、その世界に接して、じんわりとしてしまったからです。守りたいと思った人がたくさんいたから、この話の世界は誰かしらに受け継がれ、損なわれることなく21世紀の私のところまで命脈を保ってきたのです。

でも、この話に、もし、あのお坊さんの存在がなければ、つまり第三者の目がなければ、優しさは優しさとして評価されず、この話は語り継がれなかったかもしれないとも思います。つまりそこにあるものが優しさであると評価するのは、あくまでも他人だということです。これが馬方の手記であれば、そこに主張を感じて暑苦しい想いが先にくるのかもしれません。でもこの話は旅の坊さんという他者の目で評価された世界です。だから主張がないのです。つまりこの話に登場する優しさを行う者たちには、自分の行いにいちいち評価される必要を感じていない生活者の潔さがあります。その風通しのよさが、この話から余分な湿度を飛ばして長期保存の効くものにしているように思います。

たとえばここに、助けてほしがっている捨て犬がいて、その犬の困窮に気づいて、その犬を不憫に思い、連れ帰って飼い始める人がいたのなら、拾われた犬は、自分の難儀に気づいてくれたその人に優しさを感じて懸命にシッポを振って感謝するはずです。たとえばそこに、買い物の荷物が重いのか、立ち止まっては歩き、立ち止まっては歩きしているおばあさんがいて、そのおばあさんの困窮に気づいて、荷物を持ってあげようとする下校途中の女子中学生がいるならば、「おばあちゃん私が持つよ」と言われて、おばあさんはホッとするやら、少女の気持ちがうれしいやら。つまり、そこに助けを欲しがっている人がいて、その人に気づいて手を差し伸べる、その気づきこそが、優しさの正体ではないでしょうか。

でも、あなたが尋ねている優しさというのは、職場の後輩への指導の仕方で上司とぶつかっているとかそういうことなんでしょうね。上司は、もっと叱れと言う、でもあなたは叱れない。そこで意見が対立する的なね。となると、後輩の指導法がテーマなわけですから本来優しさは関係のない話となるはずです。なのにあなたは、そこへ優しさを持ち込もうとする。けれど、優しさは困っている人がいて初めて認識されるものだから、バイトの後輩と指導者の先輩との関係に適応するものではないのです。だってバイトの後輩には仕事を覚える義務があるし、先輩という指導者には仕事を教える義務がある。その関係は、困っている人と手助けをする人の関係とは言えない。ただ、後輩はすぐ怒る怖い指導者と一緒だと緊張するし、まったく怒らない温厚な指導者と一緒だとなめてかかるというげんきんなところのある生き物だから、仕事を覚えるスピードに重点を置けば、萎縮されても困るし、なめられても困るとなる。そう考えると厳しく指導するのも温厚に指導するのもどちらも指導法としては失格となる。そんなことより相手の性質を見ながら、あなたより覚えが遅かったらそれを指摘してやり、あなたより覚えが早ければそれを褒めてやりしながら普通に相手にわかるように教えてやればいいだけの話と思います。後輩はあなたの仕事ぶりを見てあなたに敬意を表するわけですから。そうやって後輩があなたに敬意を持てば、優しさなど意識せずとも素直に仕事を覚えようとするものです。

まぁなんだか、結論がずいぶん当たり前なものになりまして、文字数多く書いたわりには、またしても私の世界をおっぴろげたばかりだったかしらという展開でしたが、なんとか受け取っていただきたいものであります。

お悩み その10

最近は動画や音楽など、
お金を払ってプロの作るものを買うより、
ネットで無料提供されているもののほう
が自由度も高くて、楽しめる気がします。
それでもテレビや映像、音楽などの
娯楽を作る仕事は
生き残っていけるでしょうか。

（20代男性）

藤村より

ユーチューブとかね、最近ようやくちゃんと見る機会があって、試しに「水曜どうでしょう」で検索したら山ほど動画があって（ま、この場では著作権とかそういう話はしませんよ）。中には、猫をホームビデオで撮った映像がありましてね。猫がフローリングの床をさーっと滑って、広げた紙袋に頭から突っ込んでいく、みたいなおもしろビデオ大賞的なね。そこに番組から拾った大泉さんの声をかぶせてるんです。「どぅりゃー！」っていうね、やけに荒々しい声を猫の姿に絶妙にアテレコしてるわけですよ。それがまたぴったりハマってて、思わず笑ってしまいました。こういう発想はなかなかいいなぁって、それを見ながら思いましたよ。

ま、こういうものがね、いろんなところで「無料提供されている」と。

でもね、これ「無料」なんかじゃないんですよ。だってインターネットを見るためには、お金がいる。パソコンと携帯合わせて毎月1万円以上も払っている、なんて人もいるでしょう。そもそもパソコンなり携帯なりを持ってないと見られないし、これがまた次々に新機能が追加されて3年もすれば買い替えを迫られるようなサイクルだし、ぜんぜん「無料」

なんかじゃないんです。ネットの動画を見るためには、かなり高額な代価を支払っている。まず、そこを間違えてはいけません。

それに比べれば、むしろテレビのほうが無料に近いです。NHKを除き、テレビはスポンサーからお金をもらい、そのお金で番組を作っている。だからこそCMが流れるし、スポンサーの意向も番組に反映されます。その点、確かに制約もある。自由度という点では、ネットに流れる動画よりも数段劣ります。でも、見る人にはほとんど負担をかけないで、制作者はお金を得ることができる。よくできたシステムだと思います。

でもネットの世界では、個人個人が、月に万単位のお金を負担しています。そういう高額のお金をみなさんは、通信業者をはじめとする企業に支払っているわけです。ネット上に映像を提供しているクリエイターに支払っているわけではない。そんな余裕もないから、無料で提供されているものを見る。「それでいいんだろうか?」と思います。お金をかけてネット環境を整えれば、あとは誰かが映像や音楽を作り、無料で楽しませてくれる、そう思っててていいんだろうか。それを求めてていいんだろうか、と。

ネットの世界には、自由に映像を提供する人たちが星の数ほどいます。毎日毎日、いろんな映像がネット上に流れている。その何千、何万という映像の中から、おもしろいと思われるものが、みんなに見られて話題になる。話題になれば、映像を提供した者はまたおもしろいものを見せたいと思う。もっと知恵をしぼっておもしろいものを見せたいと思う。そのためには、時間が必要になってくる。お金が必要になってくる。お金をかけてさらにおもしろい映像ができたとしたら、その映像は有料サイトで公開、みたいなことになる。そうなると「映像を見るのは無料だ」と思っていた人たちは、「金儲けに走ったら終わりだよね」なんてなことを言って、また次の無料で提供されているおもしろいものを探し出す。ネット上では今、そういう「クリエイターの使い捨て」が繰り返されているんじゃないだろうか。ネット上の娯楽は、「選択の自由」という名のもとで繰り返される「使い捨て」の上に成り立っているんじゃないだろうか。

テレビはおもしろくないとか、ネットのほうがおもしろいとか、そういうこと以前に、制作者たちが「いいものを見せる」「聞かせる」「楽しませる」ためには、時間とお金が必要であるという基本的なことが、日本という国では大事にされていないと感じます。そういう、ともすれば形に見えづらいコストを削ってしまったら、優秀なクリエイターは育ちません。文化は育ちません。

もしもこの国が、あなたの言うように「テレビや映像、音楽などの娯楽を作る仕事が生き残っていけない」なんていう状況になったとしたら、ほとんどの娯楽は海外から提供されるものでまかない、日本に文化は育たなくなります。

「クリエイターを育てる」「文化を育てる」という意識が、地デジ化で制作費を削減し、優秀なクリエイターにそっぽを向かれているテレビにも、そんなクリエイターを次々に使い捨てているネットにも、そしてそれを見ているみんなにも、必要だと思います。

嬉野より

さぁどうなんでしょう。確かにどんな作家も、最初はサラリーマンであったり公務員であったり主婦であったりと普通に生活人として生きていたわけですから、そもそもおもしろいものを作る資質とプロであることとはあまり関連性はなさそうですね。だったらあなたが言うようにネット上で無料提供されている素人が作った作品の中に気の利いたものがあるのは当然で。でもその状況が、プロの作家たちを食べていけなくする原因にまで果たしてなるのかどうか。その先は、ぼくにはわかりませんし。何より興味も湧かないのですがどうしましょう。

それってあれなんでしょうか、たんにあなたがこのごろのプロの作るものに飽きたからということだったりするのでしょうか。もし今回の質問の趣旨がそれだったら、今度はそのうち素人の作るものに飽きる時が来るのも順番ということにはならないでしょうか。あっちへ行ったりこっちへ戻ったり、気まぐれを繰り返すのが人間のバランスの取り方であったりもするようですから。しかしながら、人々は節操なく流行りすたりを繰り返すようにみえて、あれでいてあの現象の中には、生き物として人類が常に変化に対応することを怠らないようにとの訓練の要素も含まれているような気もします。新し物好きの人とかいますけど、やっぱりあぁいう人たちの存在も、ひとつの種の先見性として人類社会全体の未来を考える上でも時として大事だからいるのでしょうしね。

あとはあれです、個人的なことかもしれませんが、自分を楽しませてくれる対象に、いつまでも無賃乗車していていいもんだろうかということですね。このあたりからあなたの質問からは離れるようですが、案外に根元的なことだと思います。

ぼくの中には、自分を楽しませてくれた者を評価したいという欲求が強くあります。端的に言えばその人が作った作品に対価を払いたくなるということです。楽しむだけでは終われないのです。金がなければ言葉を尽くしてどのようにおもしろかったか、作ってくれた者がさらに奮い立つような賛辞にして述べ返したくなるのです。つまり、その人がこの先いつまでも作品を作り続けられる状況にいられるよう手助けをしたくなるということです。なぜなら、そうすることが巡り巡って自分のためになると思うからです。ファン心理の根元に根ざすのは、そういう共生の気持ちではないでしょうか。

あいつが歌うとオレの心が燃える。今しばらくは、あいつの歌が必要だからオレたちはあいつを生かすためにあいつが歌を作れるようにあいつのケアをする。そうしたい。そうさせてほしい。そしておまえは歌を作ってくれ。

このような生き物としての根元的な欲求から発する役割が、人間双方に既にあるから、社会はそれをなぞるようなことをするだけで職業を生み出してしまえるのではないでしょうか。だから作り手の心がその根元から離れてしまえば、職業としての作家はもぬけの殻のようなもの、つまりなぞっただけの線です。人間それぞれに社会的な役割があるように思えるのは、そうやって人間関係の根元に根ざす共生の結びつきがあるからではないでしょうか。そしてその結びつきは絶えず変動するのに、なぞった線だけは不動なのです。だからなぞった線だけになってしまえば、そこに不満や違和感を誰もが感じるのは当たり前なのです。

楽しませるとはなんでしょうか。おそらくそれは、誰もが同じ時代を生きているということに尽きると思います。あなたも、あなたも、そしてあなたも、そしてぼくも、同じ時代の影響下で生きている。そしてその影響下で喜び、喘ぎ、悲嘆に暮れる。楽しませるとは、その共有している想いに寄り添い、あるいは喜び、あるいは慰め、この先に未来のあることを暗示してくれることのはずです。楽しませるとはそういうことだと思います。だから時代が変われば、娯楽のありようも変わっていくのです。

究極、娯楽とは、ぼくらに「生きよう」「生きていたいぞ」といった想いを与えてくれる何かです。それが娯楽の正体ではないでしょうか。だったら、そんなものと巡り会った時は感激して、それに対価を払おうとする。当たり前のことだと思います。誰だって気づかないうちにやっていることです。

無料でおもしろいものを見られるから、おもしろいものにお金を払わなくなるということは、だから多分ないのです。そういうことだと、ぼくにはどうしても思えますね。以上終了。

お悩み その10

お悩み その11

父や母、家族というものに
いい思い出がまるでありません。
こんな私でも親になって
よいものでしょうか。

（30代女性）

藤村より

親になっていいです。というか、誰だって親になれます。子供を産んだ時点で簡単に親になれます。いや、身体的に子供を産めない女性だって、子種のない男性だって、親になることはできます。親になって、子供を育てることができます。生物はみんなそうです。だって、それが本能ですから。子を産み、育てることが、根本的な生命体の生きる意味ですから。それだけの能力は誰にでも備わっているんです。

子供を育てるのは別に難しいことじゃありません。女性は産む時に痛い思いをするでしょう。産まれたら、次の日から夜泣きしたり、暴れ回ったり、言うことを聞かなかったり、反抗したり、そういうことはあるでしょう。あとは経済的な負担というものもあるでしょう。

でも、それだけのことです。

難しいことなんてとくにありません。高品質の肉牛みたいに「こうしなければちゃんと育たない」みたいな決まりもありません。とりあえず食わせておけば、子供なんて勝手に育ちます。10年ぐらいたてば、自分で食事を作り、勝手に食べるようにもなります。それで15年もたてば、あとはもう自立して生活していきます。

簡単なもんです。

でも、いつしか「子育て」ということを、人は難しく考えてしまうようになりました。「こうしなければ育たない」という決まりをいろんな人がいくつも作って、それを守って育てなければ子供はちゃんと育たないと思い込むようになりました。そうなってしまったら、「子育ては難しい」と考えてしまうでしょう。それはあたかも、熟練した酪農家が「A－5」ぐらいの最高品質の和牛を育てるかのようです。そうやって子供を美味しく育てて、後で食べようとしているかのようです。実際、自分が満足するために、自分が気持ちよくなるために、自分は「いい親だ」と誰かに褒めてもらうために、いい子を育てようとしているかのように思えてなりません。

私は、子供を美味しく食べようとは思いません。自分の血肉にしようなんて思っていません。子供は自分のものではなく、独立した生命体であり、自分が死んだ後もこの社会で生きていくひとりの人間です。子供を肉牛のように世話をして、最後に食べてしまうのなら別ですが、親は子供より先に死ぬんです。だったら子供の自立心を、ひとりで生きていく力を育ててあげるのが、親としてのただひとつの役目であるはずです。

ただ、そのために私が何かをしているわけではありません。かといって、ほったらかしにしているわけでもありません。そりゃあだって暴れ回るし、反抗するし、そうなったら腹も立つんで小言を言います。「テレビ見てないで勉強しろ！」なんてこともしょっちゅう言います。感情をそのままぶつけてしまうことだってあります。

でも、いつもどこからか、子供に対する愛情があふれ出てきます。「おまえらのことが大好きなんだよー」という気持ちが、とめどなくあふれ出てきます。それをただ、子供に向けているだけです。何かを特別にしているわけではなく、ただ「大好きだよ」という気持ちを、子供に向けているだけです。難しいことなんて何もしていません。ただ、そうしているだけです。

あなたは、家族にいい思い出がありませんでしたか。私はもう、いいも悪いも、昔のことは忘れました。そんなことはもう今の私には関係ないんです。私にとっての家族は、今ここにある家族であって、この家族こそが私からあふれ出る愛情を注ぐべきものであるから。

あなたも、あなたの家族を持てばいいだけの話ではないですか。その時に大事なのは「親になる」という意識ではなく、あなたが「ちゃんとした大人になる」という意識だと思います。昔の家庭環境がどうあれ、すでに成長したあなたは、あなた自身が独立して作っていくものです。

今のあなたは、ちゃんと大人になろうとしていますか？

嬉野より

親になってください。可愛い子供を産んでください。家族というものにいい思い出がまるでなくても、それでもあなたは三十数年生きてこられたのだから、苦しいだけではなかったのです。一度でも、少しでも、幸せと思うことがあったなら、生まれてきてよかったのです。そういうことにしないとね。

それにあなたは親になってもよいのでしょうかと問うのですから、なろうと思っているのだものね。おそらく、あなたは誰かに出会ったのではないですか。その人を、あなたは信頼しているのではないですか。そして、その人が子供を欲しがっていることにあなたは気づいたのではないですか。だから、親になる自分をイメージしたのではないですか。「こんな私でも親になってよいものでしょうか」という言葉には、そういう経緯が隠されているのではないですか。なんだかそんなことに思えたのです。そうであればいいなと思ったのです。そうであれば、あなたは生まれてきたことを後悔してはいなかったということだから。だったら、あなたがこれから築く家庭がどんなものになるのであれ、あなたから生まれてくる子もまた、自分が生まれたことを後悔などしないということです。ならば、あなたが親になってはいけない理由など、もう、どこにもないですものね。

私の同僚に佐野くんという今年26歳で既婚、既に3人の子持ちという男がおります。3人目は去年の年の瀬に生まれました。女の子でした。予定日の近づいてきた佐野くんは、あれこれとシミュレーションをしていました。つまりです。出産となれば奥さんはその後2日間の入院です。その間、1歳と2歳、2人の子を、佐野くんが仕事をしている間、誰かに預けて、面倒を見てもらわねばならないという逼迫した問題が生じるのです。

あいにく夫婦とも各自の両親を当てにはできない状況にありました。ぼくは佐野くんに言いました。

「どうするのさ?」

佐野くんは書き上げたばかりの予定表を中空に見るような目をしながら言いました。

「予定日に生まれてくれると一番いいんです。予定日は金曜日ですから、そうしたら妻の入院は土日になるので、ぼくが子供たちと一緒にいてあげられるのでなんの問題もないんです。月曜には妻も退院してきますから奇跡的にうまく回せるんです。でも予定日を押して、もし土日や翌週になったらぼくも仕事があるので、その時は、1歳2歳の2人を預かってくれる施設を見つけましたので、そこに預けなければなりません。そうなると子供たちが可哀想ということもありますが、そこそこの出費にもなってしまうのでできれば避けたいんですが……」

そう言う佐野くんの顔は臨戦態勢でした。

果たして、3人目は親孝行にも予定日に生まれてきました。

それを聞いてぼくは思いました。

「生まれてくる子も必死だ」と。

3番目の娘も自分が育たねばならない家庭環境がいかなるものか羊水中にあって超人的に察知していたのだろうと思えたのです。だって、自分を庇護してくれる親にとって一番都合がいいと思える日を選んで出てきたのですから。親に相当の緊張感があれば、その緊張感は母体に伝播し母体の緊張感と相まって増幅し出産以前の胎児にも伝わり、胎児もまた同調率の高い緊張感の中でその日を迎えるのです。

「つまり」と、ぼくは思うのです。生き物とはそうまで切実なものだということです。胎児とて舐めてはいけないのです。侮ってはならないのです。親孝行とは道徳的な教義の話ではないのです。自分の生きる環境を自分にとって有利なものにするために親の障害にならないという生物としての狙いが親孝行の根本にはあるのです。新生児がなす親孝行とは自分の生きる環境を有利なものにするという、カッコウの托卵にも似た本能的に切実な行動なのです。佐野くんのように若年で結婚し、薄給のうちに年子で3人も続けて子をなすと家計は逼迫し、緊張状態は日常的です。日々、生存の危機に晒されながら生きる家庭にあって、子供たちは自己を主張する前に、主張できる環境の獲得を先に目指すようです。だからでしょう、佐野くんのうちの子供たちは親も不思議に思うほど幼少の現段階から親の手伝いを率先してしようとするのだそうです。その結果にできた親のゆとりの時間を狙って、短時間に自我を通そうとわがままを言う、泣き叫ぶ。ぼくは、そんな佐野くん一家を端で見ながらなんだか楽しそうに思えてしまうのです。佐野くんも「楽しいです」と言います。当たり前です。彼らには家族一丸となって生きていくという近々の目標があるのです。薄給のうちに3人の子をなしたばかりに、彼ら佐野家5人家族には、ゲームのルールができたのです。それは限りある佐野くんの薄給だけで家族5人が生きていかねばならないというルールです。鬼気迫る人生ゲームです。だからあの家族は、知恵を出し合い、家族5人で都合をつけつつ、まるで一家で縄跳びをする者たちのように、振り下ろされてくる縄に全員で身構え、間合いを計り、呼吸を合わせ、油断なく跳ぶのです。そうやって折りふし迫ってくる近々の問題を家族みんなで乗り越えていく。それを日常的に繰り返すことで家族は銘々生き物としての力をつけていくのです。

「ひとりの洩れなく一丸となって生きていく」

そのテーマに集中するチームワークこそが家族の面目です。生きるとは、本来それだけのものであったはずです。家族で真剣に縄跳びに集中するような佐野くん一家の動静に注目していると、それが豊かさに追い詰められて自分を持て余していく人生からの、鮮やかな逃走に見えるのです。なんだかスッキリ楽しいことに見えてくるのです。

ぼくが「あなたのお悩み」をお題に選んだのは、あなたに「親になればいいんですよ」って言ってあげたかったからだったように思います。根拠もないのに。なんの責任を負えるというわけでもないのに。そう言ってあげたかったのだと思います。なんだかあなたがそう言ってほしがっているような気が勝手にしてしまったんですね。お門違いだったのかもしれないですね。

でも、そう思ったのです。それが自分の役回りのような気がしたのです。

お悩み その12

理不尽なことにむしゃくしゃしすぎて、どうしようもない時、オトナであればどうするべきでしょうか？

（年齢不明 男性）

藤村より

社会に出て、ある程度の年齢を重ねていくと、「理不尽」なこと、つまり「道理に合わない」こと、つまり「正論が通らない」局面に、よくよく出くわします。

「なんでそんなことをしてしまうんだ！」「なんでそんなことがわからないんだ！」「なんで！」と思うことが世間にはとても多い。

「人は本来こうあるべき」「社会は本来こうあるべき」という「正論」が曲げられて、「そんなことしちゃダメだよ」「そうなったら終わりだよ」ということが、世間では往々にして起こる。

なぜでしょうか？　なぜ正論が通らず、理不尽なことが起こるのでしょうか？

そのためにまず「正論」とは、そもそもどういうものかを考えてみましょう。

大きな話になりますが、たとえば、原子力。

「人間の手に負えないものを人間が作り出してはいけない」。「日本人はそれを身をもって二度も体験したのだから原子力は根絶すべきだ」。まさしく正論です。でも一方で「資源のない日本だからこそ、無限にエネルギーを生み出せる原子力は必要なものだ」。「英知を結集して、原子力を制御することこそが人類の発展ではないのか」。私は賛成できませんが、こう考えるのもまた正論だと思います。

そんな原子力で、大惨事を起こしてしまった東京電力という会社。

「多額の賠償金と設備の復旧のために電気代を値上げするなんて言語道断！」。「社員のボーナス見送りなんて当たり前でしょう！」。世論としてのまさしく正論です。一方で、「いくらなんでもそれでは私たちの暮らしが成り立たない」という、東電社員たちの押し殺した切実な声も、私は、否定することができません。

たとえば、もっと直接的に、人を殺すという行為。

「それは、どんなことがあってもやってはいけない」。まぎれもない正論です。でも一方で「私の愛する人を、非情な行為で殺されたのなら、私は、どんな罰を受けようとも犯人を殺したい」。法律的には許されないことだけれど、この思いも、私は否定できません。

世間には「正論だけでは立ち行かない」ということが厳然としてあると思います。というか「正論」は、人それぞれにある。それぞれの人が、それぞれに正論を持っている。そしてそういう正論は、歳を重ねてくほどにどんどん武装されて強固になっていく。それがたとえ、一般的な正論から道を外れていたとしても、「ウチの組織の正論」とか「私の正論」という形で武装されていく。社会に出れば、そんな正論でガチガチに身を固めた人たちと関わりを持たざるを得ないから、結果的に理不尽なことにもたくさん出会うことになる。

政治なんてまさにその典型で、それぞれの政党やら個人やらの正論をぶつけ合っているだけで、決して相手の正論を認めようとはしない。そういうことを続けている限りは、正論のぶつけ合いの中で、その都度勝ち負けを決めて、負けたほうは常に理不尽だと思うしかない。一方、勝ったほうは「よし勝ったぞ」という現状に満足してしまって、その先の「ではどうするか?」という思考まで行き着けない。とても幼稚な現象だとは思うけれど、私たちが生きている社会とは、昔からそういうものだと思います。

世間には、理不尽なことがたくさんある、道理の通らないことがたくさんある。これこそが、逆説的に「人の道理」だと、私は、半ば諦め半分ではあるけれど、そう思うんです。
では、そんな理不尽な社会で、私たちはどう対処すればよいのか。

まぁ言葉としては、「人の正論にも真摯に耳を傾け」「自分の正論も曲げず」「その中でうまくやっていくしかない」、ということになるんでしょうが、そんなことできるわけがありません。だって、明らかに二律背反ですから。そこをうまくやるなんてできるわけがない。現実的には、どっちかが折れるしかないわけです。その場合、一般的な正論よりも「組織の正論」や、強い個人の「私の正論」のほうが断然勝ちます。でもそれでは、一般的な正論を行動の規範としている人たちは、常にむしゃくしゃするしかない。「なんでそうなるんだ！」と怒るしかない。納得がいかない。なんとかできないものか？

私が実際にやっている対処の仕方は、こうです。

私は、一般的な正論に合わない組織や個人の正論にもちゃんと耳は傾けます。でも、真摯には聞きません。真摯に聞かないということは、反論もしないということです。「そういう考え方もありますね」と、あっさり認めてしまう。その組織や個人が強固に形作ってしまった正論は、もうどうやっても変えられませんから、その「変えられない」という事実だけを、真摯に受け止める。「あなたたちの考え方はわかりました」と、そこでもう議論を止めてしまう。ある意味、相手を「バカにしている」ということかもしれません。でもそうでもしなければ、反論もせずに認めるなんてことは悔しくてできません。一般的な正論を正面からぶつけて、相手にわかってもらうまで根気よく議論を重ねるなんてこと、なかなかできることではないですから。ほとんどの場合それは、感情的な意見のぶつけ合いになってしまうものですから。そうではなく、自分と同じく、組織の正論に染まってない一般的な正論が通る人を集めて、先に行動して、先になんらかの実績を作ってしまう。「組織的には非常識かもしれませんが、こういう正論で進めてみたら現実的にこういう形になりました」と実績を提示する。この場合、あくまでも単独行動ではなく「みんなでやりました」という数的な後ろ盾を最初に作ることが重要です。いくら一般的に正しい正論であっても、それを個人でぶつけている限り、それは「あなたの正論でしょ」それは「理想に過ぎないでしょ」としか受け取ってもらえないからです。

数的な後ろ盾と実績を作ってしまえば、よっぽど悪い結果が出ない限り「まぁそれもひとつの正論だ」と相手に認めてもらうことができる。相手の正論を変えることはできないけれど、広い世間に対して「この正論はやはり正しかった」という事実を提示することはできる。世間を味方につけて、自分の正論に基づいて行動していくことができる。それが少なからず、世間を動かしていくことにつながる。そうすれば、狭い組織の中でむしゃくしゃし続けることはない。そう思っています。

でもねぇ、実際のところ、ガチガチに固まった組織や個人というものは、そうやすやすと「一般的な正論」に屈するような、そんなに甘いものではありません。私なりに、実績を作ることで正論を通してきたつもりでも、どーしようもなくむしゃくしゃすることは、やっぱりあります。それは、実績を上げたつもりでも「その実績自体を認めない」という根本的な部分を否定する人が、狭い組織の中には必ず出てくるからです。数字に表れる実績をあげた時は「数字だけよくてもダメでしょう」と言うし、数字に表れない実績を作ったつもりでも「数値化されない実績は認められない」と言うし。「じゃあどうすればいいのよ！」と、むしゃくしゃすることもやっぱりあるわけです。

それはね、でも、しょうがないんです。社会で生きている限り、それはもうしょうがない。それが「人の道理」なんだから。

理不尽なことが多い世の中で、現実的にできることは、結局のところ「むしゃくしゃする時間をなるべく少なくする」ということぐらいです。

むしゃくしゃすることはあっても、むしゃくしゃしすぎない、ということ。そのためにはやっぱり「他人の正論には耳を傾ける」、「でも真摯には聞かない」、「否定もしない」、そうしておいて、「正論の通じる人を積極的に集める」、そして「行動する」ということしかないんじゃないだろうかと、今の私は思っています。そうやって、自分の思う正論に向かって行動していれば、むしゃくしゃしているヒマもある程度はなくなります。組織に所属しているフリをして、決して組織には染まらない。でも、それでもむしゃくしゃしたら、酒でも飲んで「ばーろー！」つって寝る。

まぁこれが、「正しい大人の対処の仕方」じゃないですかね。

とはいえ、自ら行動して実績を作ることは難しいです。今はむしゃくしゃすることが多くても、組織の中に染まって、その組織の中で我慢して歳を重ねていきさえすれば、後はラクになります。でもね、そうなってしまったら、結局は自ら行動せずに、ただただ誰かに理不尽なことを突きつけるイヤな大人になってしまいます。そうならないためには、まず、自分から積極的に仲間を集めることです。世間は広いです。わかり合える人は、いっぱいいます。狭い組織には所属していても、組織の外にいる人と関わりをもつことはできます。正しい大人というのは、組織の中にいても、組織から自立した考えを失わない人だと思います。そんな大人なら、酒飲んで「ばーろー！」つって寝るだけで、翌朝には「よーし！　やるかぁー」と言って、元気に社会へ飛び出していける、いいおっさんになれると思います。

嬉野より

理不尽なことというのはつまり、「最中《もなか》を100個食え」と、やぶからぼうに言われるようなものです。わけがわからん。まったく意味不明。でも、「やれ」と言われるわけです。「どうしてこの忙しい時に、私がそんな、最中を100個食うなんて、そんなことに時間を割かなければいけないのですか」と聞いても、それに対する納得いく答えはいっこうに返ってこない。私くらいの年齢になるとわかりますが、「理由を聞いても納得いく答えが返ってこない場合、そこには100%たいした理由なんかはない」ということです。そう考えて間違いない。

最中だって安かないです。それを100個も買う。いくらすると思ってるんだ。そしてなんだ。その買った最中を自分が100個食う？　食えるか！　そんなもん！　食ったところでなんの自慢にもならんわい！　腹をこわして、全部尻から出て終わりじゃ！　それを「やれ」と言われる。

理不尽とはこれです。そらあなた、まともな神経があればむしゃくしゃしますよ。こういう時に、あなたは「オトナであればどうするべきでしょうか？」と質問をしているわけですが、こういう時にオトナであろうとするあなたの気が知れない。「最中を100百個食え」と言われた時の、オトナとしての対処って何？　相手はトンチンカンなことを真顔で言っているのです。でも彼は自分が言っていることがトンチンカンだとは気づいていない。彼はただ、わかっていないのです。何をすればいいのかが。それなのに「とにかく何かをしなきゃならないのだ」と思い込んでいる。なんか、そういう人です。確かに、できる男は世間から評価されるような何かをしますからね。できる男が何かした時は、なんかかっこよかったんでしょう。世間からも憧れの目で見られていた。だから自分もできる男のはずなんだから、何かをして、できる男と言われたい。そのために「何かしなきゃならないのだ」と思い込んでいる。彼はそういう人です。でも、できる男が、どうした理由でそれをしたかは、考えようとはしない。「とにかく、何かしなきゃ」という、焦りにも似たトンチンカンな彼の思い込みが彼を追い込み、でも、追い込んだところで何をすればいいかわからないから、結果的に彼は思いつきでトンチンカンなことを言うようになるのです。

そんな時に「思いつきでものを言うな！」と周りが言い立てれば、彼もしゅんとなったでしょうが、誰も言わなかったので、彼は「ものは思いつきで言えばいいんだ」と安心してしまった。はい、裸の王様のできあがりです。彼はそういう立場を取る人なのです。

「何かしなきゃいかん」↓「でも、何をしたらいいのかはわからん↓「とはいえ、とにかく、なるだけ世間体のいい、私が尊敬されるようなことをしたい」。そのために彼は広く意見を求めます。でも、出発点が全部自分のためだから、筋の通った意見を聞いても面倒くさそうだなと思ったら、まず、やめさせる手はずを考え、その代案として「そうではなくて、まず最中を100個食ってみたまえ」と思いつきを言うのです。

あなたも先刻ご承知のように、こういう理屈の通らない人といくら話をしたところで出口の見える話し合いには金輪際なりません。彼は何をしていいかわからないので説明ばかりを要求してきますが、いくら言葉を尽くしたところで、彼に「なるほど。それは興味ないし面倒そうだな」と思われた時点から、それ以上説明をしても意味がない。そして「キミの気持ちもわかるが、この際、最中を100個食ってみなさい」と、不可解な提案をされる。こうしてあなたは、「ちゃんとしたやり方があるのに、なぜそんなわけのわからんことに時間を割かなければならないのだ！」という不合理に巻き込まれ、その出口の見えなさに憤死しそうになる。

本来そういう時でしたら、「おまえ、ばっかじゃねーの。ばーか、ばーか、○○○。おまえの母ちゃんデーベーソ！　帰れよ」と、言ってやったほうが対応としてはいいです。なぜなら、おそらく既にそういう低い次元の話にされているはずだからです。大人になって、きちんとした仕事の仕方が身についたころに「ところでキミ、最中を100個食ってみないか」と理不尽なことを言われ、ぼくらはびっくりするのです。おかしいのです。大人の社会で一生懸命働いてきたはずなのに、仕事も覚えて世間のこともわかりかけてきたころに、思いがけない場所で、突然、ぼくらは子供に出会うのです。その子供は権力を持っている部屋にいるのです。理不尽は、その子がその部屋の中で作り続けるものです。子供は自分の気分を通したいだけですから、常識も無視され、理に適う適わないの判別などはされずじまいになるのです。子供は、反論に窮して自分に都合が悪くなると腹を立て、癇癪を起こすことで合理性を粉砕してしまいます。「ぼくはこうしたいの！　だからこうするんだもん！　おまえは、だまれよ！」的に自分を押し通し、話し合いの余地を与えない状況を作ってしまえる。それは理由いらずの強引な力です。

あなたの相手は子供なのです。子供の言葉を大人のものとして受け取ると、あなたは憤死するしかない。「わかったわかった。さあさあ坊やはもう帰りな。おじさんたちは今、お仕事で忙しいんだからね」。そう言って本当なら飴でもあげてお父さんとお母さんに来てもらって帰すような相手なのです。

昔、あなたのように理不尽な目に遭ってむしゃくしゃしすぎて憤慨している男に、「あ、大丈夫です。そういう人は死んだら間違いなく地獄に堕ちますから」と言ってあげたら、「地獄に堕ちる」という言葉に不意をつかれたのか、バカバカしくなったか、その男は爆笑していました。きっと、瞬間的に気分が軽くなったのではないでしょうか。つまり、「地獄に堕ちますから」というイメージを与えられて、その中で帳尻が合ったのではないでしょうか。「理不尽な目に遭わされた」↓「でも、やつはそれで地獄へ堕ちた」。そうイメージできた瞬間、彼の中で帳尻が合ったのです。だからホッとした。だから笑えた。そうであれば、ぼくらは人生の帳尻を合わせるよう油断なく努めなければならないということです。

ギャグ漫画やギャグアニメの世界では、わりあい登場人物が酷い目に遭います。からかわれて怒り狂ったやつは平気でマシンガンとか撃ってきます。で、撃たれたほうは身体中ハチの巣にはなるけど死にません。迷惑そうな顔をしてみせるくらいですませます。で、次に登場する時には平気で元の姿に戻って仕返しをするのです。ギャグ漫画やギャグアニメの中で躊躇なく行われるこの「容赦のない報復の応酬」を笑って見ていられるのは、「あの肉体の非常識なまでの復元力の高さ」です。あの復元力の裏づけがあるから、やられた者も必ず躊躇なく派手にやり返す。こうして、見る者の目の前で気持ちがいいくらい帳尻が合い続けるのです。その帳尻が合って行く様が、ぼくらには気分がいいのです。

やられた！↓やり返した！
理不尽なことをするやつがいた！↓張り倒した！
いじわるするやつがいた！↓蹴りとばしてやった！

この間髪を容れない単純で幼稚な怒りの応酬さえ、その都度、躊躇なくできれば、人生の帳尻は合うので、もうあなたのようにむしゃくしゃする人はこの世からいなくなるはずです。つまりあなたは、理不尽なことをされたからむしゃくしゃしたのではなく、一方的に理不尽を押しつけられたまま我慢するしか手がないと思うから、むしゃくしゃするのです。理屈の通っている自分のほうが、なぜ煮え湯を飲まなければならないのかと思うから、帳尻がいつまでも合わず、あなたのむしゃくしゃは果てしなくなるのです。

でも煮え湯を飲むのは、あなたがオトナだからです。そして、そのことに我慢がならずむしゃくしゃしているのは、あなたの根っこにいる子供です。人間がいがみ合ったり、根深く衝突するのは、ぼくらの根っこに今も子供がいるからです。ぼくらが、完全にオトナになっているのであれば、誰もが必ず理屈の通っているほうを迷うことなく選び続けるはずです。理屈の通ったことだけが選択されていくのならば、いがみ合うことには絶対にならない。でも現実は、そうはいかない。

つまり、あなたは気づいていないかもしれませんが、理不尽なことをして道理を引っ込ませようとするのも、そんな非道をされてむしゃくしゃするのも、どちらもぼくらの中にいる子供の仕業です。ぼくらはみんな、それぞれの根っこにいまだに子供のままの自分を持っている。人間の本性とはそれなのです。そうであれば、自分を律してオトナな振る舞いをしなければならないと思うよりは、どうしても顔を出してしまう子供の自分を認めて、「そのうち、あいつのイスに画鋲しかけてやっか」的な子供っぽいイメージで世間と帳尻を合わせようとするほうが、間違いなく気が楽だろうとぼくは予感するのです。

だって、ぼくらは所詮〝こども〟なのです。ちっちぇーやつなのです。だったら大人げないことも、たまには努力してでもしないといけないのです。

だから、いつか通りがかった夜更けの神社で心静かに手を合わせ「あいつが死んだらぜったい地獄に堕ちますように」とつぶやいてみる。大人が、大人げないことを口にすると、不思議とそれだけで、そこそこ気が晴れるものです。

安いものです。

お勧めです。

お悩み その13

彼女に「映画を観に行こうよ」と言われます。
でも、僕は1人で映画を観るのが好きです。
うまくバランスを取る方法はありますか？

（20代男性）

お前には海のような広い気持ちがない！
さびしいぜ
chzina mohi

藤村より

ねぇよ！ 行けよ！

行けよ！ 映画ぐらい彼女と一緒に！

もうこれが結論ですね。

キミが言う「うまいバランス」なんていう都合のいいものは、男女関係においては、ないです。

これがたとえば男友達ならば、1人で映画を観に行って「いやぁー、この前観た映画すごくおもしろかったよ」と言えば、相手の男は「何？ どこがおもしろかったのよ？」と、映画の中身の話になります。でもこれが、付き合っている女性であれば、「え？ なんで1人で行ったの？」という、男の身勝手な行動について問責するという事態に陥ってしまいます。

性別の違う2人、生まれも育ちも違う男女が、それでも惹かれ合って2人一緒になる。でも2人の間にはどうやったって埋めきれないものが、どうやったって到達しきれないものが、厳然としてあります。もともと「それぞれの自分」があるのに、その2人が一緒にいれば、やがて「理解できない相手の考え」というものを目の当たりにしてしまうことになる。でもそれでも一緒にいたいと思うから、それぞれが自分を我慢して、相手に気を遣う。そうすることでしか、男女関係は成り立たない。キミが目指しているところの「うまいバランス」とは、つまり「自分」を遠慮なく出して「自分」を認めてもらいつつ、「一緒にいたい時は一緒にいる」ということでしょう。それは「うまいバランス」というより「かなり自分よりなバランス」ということになるんじゃないでしょうか。

「相手に気を遣う」というのは、とても大事なことです。確かに「気を遣わない相手」というのが、男女関係において最も理想的だと思われてはいます。しかしながら、本当に「気を遣わない相手」なんていうものは、この世に存在しません。長年つき合った夫婦が「もうお互い気を遣わないんですよ」なんて言えるのは、実は「気を遣うことに慣れてしまった」「相手を思いやることが普通になってしまった」ということだと思うんです。最初から相手に気を遣わず、それぞれが好き勝手にやっているんだとしたら、そもそも一緒にいる意味がありません。男女が居をともにしていたとしても、それぞれが、それぞれの嗜好で、それぞれに行動していたら、その2人はどこで喜びを共有できるんでしょうか。

相手に気を遣うことで、相手が喜んでくれる。相手が気を遣ってくれることに、ありがとうと思う。だから相手を愛おしく思い、一緒にいたいと思う。それはたぶん、男女関係にかかわらず、人間関係において普遍の真理だと思います。それを真理だと思えば、「相手に気を遣う」ということを「普通のことだ」と思い、やがて「もうお互い気を遣わないんですよ」と言うこともできる。そこまでの段階が必要だと思います。

とはいっても、やっぱりね、気を遣っているつもりでも、「もともとの自分」というものが知らず知らずのうちに出てしまうことがある。そうなると相手にも「やっぱり違うのね」と思われて、うまくバランスを取っていたつもりが、大きく揺れてしまうことだって多々ある。「たまに」じゃなくて「多々ある」んです。

だからもう「気遣い9割、自分1割」ぐらいの気持ちで、相手を気遣っていかないと、男女関係は成り立たないと私は思ってます。

ですから彼女に「映画を観に行こうよ」と言われたら、それがどんなに自分の趣味に合わなくても、「おう！　行こうよ」とまずは即答すること。20代のキミはもう即答！　自分の嗜好などどうでもいい。即答です。

それを何度か積み重ねていって、しかるべき時に「自分はこういう映画も好きなんだけど、一緒に観てみる？」と言えば、彼女は喜んでキミの趣味に合った映画を観るはずです。そして映画を観た後に彼女はきっと、「よくわからなかったけど、なんかよかった」とかなんとか言ってくれるはずです。これをさらに積み重ねていけば、1人で映画を観に行ったところで、もう彼女に「なんで1人で？」と問責されることはないでしょう。「ああ、この人はほんとに映画が好きなんだな」と思われるだけです。そこまでの段階を踏んではじめて、1人で映画を観る楽しみを味わえる、そう思っておいたほうがいいです。

これは決してめんどくさいことではなく、この手順こそが、おつき合いの楽しみだと思います。

嬉野より

映画といえば。私は映画館に行くと必ず寝るという習性がありますよ。

いや、質問の答えになってないですが、不意に思いついたものですから書いてますけどね。あれは、なんでしょう。一緒に行った方には大概不評でありますね。

「信じらんない！」

怒る方もいる。

「あんた寝てなかった⁉」

呆れる方もいる。

おおかたの予想では「おまえは、つまらないから寝るんだろう」という受け取り方だと思われるのですが、そうではないのです。まったくそうではないのですが、実際、一緒に行かれた方にとっては、自分が「ああ、おもしろいなあ」と満足して見ている横で口を開けて寝ているやつがいるわけで。「こいつのこの所行は、オレのセンスに対する否定！もしくは挑戦なのか！」ということでね、その瞬間からその人は私に対する憤りで映画に集中できなくなる。だから、観終わった後はたいがい説教ですよ。

しかしながら違うのです。私の場合。おもしろいと思うからこそ、どうやら寝てしまうようなのです。ほんとよ。これがねえ、どう言えばいいのか、どれだけ言っても信じてもらえないのですが、そうなのですよ。私も、このごろは映画を観る機会がめっきり減りまして。それでも、出張先で、ぽかんと空いてしまった時間に観たいと思っていた映画をやっているとわかった時の喜びといったらないですねえ。「ああ、今から急げばギリギリ間に合う時間じゃないか、よし行こう!」と。で、行くでしょ。電車、地下鉄を乗り換えて、劇場を探して、早足、小走り、時に全力疾走。そうして本当に間一髪で間に合って映画館の席に座る時のあの安心感、安堵感。ああこれから始まるんだ。とうとう観られる。そりゃあ私とて大層な幸福感に包まれているわけです。でも、こういう時が危ないのです。劇場内を見渡せば、観たいと思っていた映画だけあって口コミの人気もすごいのでしょうか、客席はすべて埋まって映画館は満員です。よく席が取れたなあという満足感にホッとしながら深々とイスに沈む。夏であれば冷房が効いている、冬であれば暖房が効いているで、劇場内は心地よい温度です。もうもう、最高に危ない。やがて客電が消え、予告編の嵐が吹き過ぎて、さあいよいよスクリーンに本編タイトルが浮かび上がり音楽が流れ始める。そしてファーストシーンが始まり、「ああ、これはおもしろそうだなあ、さあ観るぞ」と気持ちがワクワクし始め、私は無上の期待感と幸福感に包まれる。そうしてどんどん気が遠くなっていくわけです。不意に、はっとして目が覚めると劇場内は静寂です。

おやっと思ってあたりを見回すと全員が泣いている。

しまった！　寝てしまった！

なんだかわからんがやはりいい映画だったんだな！

でも、みんなが泣いているその意味が私にはわからない！

後悔は先には立たず。帰り道は、連れからの説教。

つまりね。思うんですよ。人間が眠ってしまえる裏には、油断できるほどの安心条件がなくてはならないのだと。それは幸福感と言い換えてもいいです。子供のころの遠足の前の夜も幸福感に包まれていました。でもね、あれはかえって眠れない。なぜか。そこには「早く寝なければ」というストレスがあるわけです。だから寝られない。入眠というのは能動的な行為ではないのです。だから「さあ寝よう」「寝なければ」「眠りたい」は、すべてストレスとなり眠りの妨げとなる。だからかえって眠れなくなるものなのです。しかし映画館の暗闇の中で幸福感に包まれている私の中に芽生えた思いは唯ひとつ。「寝たくない」「ぜったい寝ない」「起きている」。これほど眠りに引きずり込まれやすい状況もないもんだということです。「人間はいかなる理由で眠るのか」。そのことを私は映画館へ足を運ぶたびに身をもって立証している。そうに違いないと思うのです。

　さて、映画ということで、いきなり横道に逸れてしまいましたが、おそらくあなたは自分で思うより大変な人生を送っておられる方なのだろうと推察しますよ。だってあなたは「1人になる」という時間をそれほどまでに大切にするのですから。人は誰しも「1人の時間」を大切にするものですが、あなたの場合はそれがそうとうに切実だということです。「映画は1人で観たい」。「そこには彼女であってもいてほしくない」というのですからね。それは「映画を観る」という行為が、あなたにとっては、とりもなおさず「1人になれる→あなたのままでいられる」という数少ない貴重な時間であるということです。あなたはそれくらい、本当は他人の中で「自分でいることができない→楽でいられない」人なのです。それくらいあなたは他人を意識し、他人に気を遣い、他人の目を気にする、他人を頼れない人なのです。だからこそあなたは「誰にも気兼ねなく自分でいられる時間」を「1人で楽しむ行為の中」に見つけた。そのひとつが「1人で映画を観る」であったわけです。

　だから、あなたの中を探せば、まだまだ「1人だけで楽しみたい行為」が幾つもあるのかもしれないと私は思います。

　つまりです。

「映画は1人で観たい」は、決してあなたのスタイルでも個性でもない、「他人と一緒にいては、決して楽な自分でいられないあなた」ゆえの自分を解放する切実な避難場所のひとつにすぎないということです。あなたはそこでひと息つきながら、かろうじて人生を送っている人なのです。それならあなたは、今後も1人で映画を観る時間を作ろうとするはずです。その時間は間違いなくあなたによって保障される。だったら、彼女が「一緒に観に行こうよ」と言う時くらいは一緒に観に行ってあげればいいのではないですか。彼女はあなたとお話がしたいのだろうから、映画を観終えたら彼女に感想を聞いてあげればいい。

つまり、彼女と一緒に映画を観る時間は、映画を観るというより、彼女を構ってあげる時間だと思えばいいのではないですか?

でも本当はね、その彼女といる時間が、まるごと「楽な自分でいられる時間」になれば一番いいのですよね。「楽な状態のままでいる自分でも、受け入れてくれる他人もいるのだ」ということを、あなたも、いつかは信じてみたほうがいいのではないでしょうか。「蓼食う虫も好き好き」。人間は、あなたが思うほどワンパターンでもないのです。人間というのは、なかなかわかり合えるものではないのかもしれませんが、わかってくれる人もいるのです。油断のならない他人もいるけれど、油断してもいい他人もいるようにです。実に、計り知れないほどに人は多様なのですから。

まあ、「映画館で寝るようなやつとは一緒に観に行きたくないだけです」というのがね、あなたの「映画は1人で観たい」の理由なのであればね……ま、それはまた至極当然な……これまた別の話でありますがね……。恐縮恐縮。

お悩み その13

お悩み その14

最近は書籍などでも
「怒らないように」との内容が
多いように思います。
怒らないことは
いいことなのでしょうか。
最近怒ったことはありますか？

（40代男性）

藤村より

「怒り」と同じような意味で「キレる」という言葉が、いつしか普通に使われるようになりました。「怒り」はちょくちょく起こる感情だけれども、「キレる」というのは、「抑えて抑えて、それでも抑えきれずに怒りが爆発する感情」だと思っていました。でも、これだけ普通に使われるようになると、どうやらその定義は間違いだと気づきました。

最近の「キレる」という感情は、むしろ「怒り」よりも「沸点が低い」というか、「自分を抑えることすらしていない」と思うのです。「自分」というものを勝手に過大評価するあまり、自分を理解してくれない他人のほうがおかしいと頭から思ってしまい、他人を押さえ込む手段として「怒り」という行為を「使用する」という。

でも、そうなってしまうのも、私は理解できます。だって、昔よりもずっと「精神的な我慢」(肉体的ではなく)を強いられる場面って社会に多いですから。客商売であれば、どんな客にだって笑顔で対応することが当たり前だと言われるし、どんなバカげたクレームにだって誠心誠意こたえろと言われるし。集団の中では「空気を読め」と言われて、流れに逆らわないように言葉を選ばなきゃいけないし。そんな中で人は、日々沸き上がる感情をいったん精神の枠内から外して、その社会の中で与えられたノルマのようなものを忠実にこなしていかなきゃいけないと思っている。でも、そのノルマが外れ、精神の枠内で感情を露出してもいいと思う場面では、「自分は常日ごろこんなに我慢してるのに、なんで他人は自分のことを理解しないんだ」と、一気に感情をあらわにすることになる。犯罪を犯した人が、よく「普段はまじめな人なのに」と言われるのもそうだし、客という立場になった途端に、尊大な態度を取る人もそう。その時は、自分を抑えるなんてことはしない。自分はロボットではないんだから、こういう時に「キレる」のは「人間として当然の感情表現」であり、「自分に残された唯一の権利だ」と思ってしまう。ノルマの中では「自分」を殺し、ノルマが外れたところでは、その分「自分」が肥大する。

「怒り」というのは、「自分の意志に反すること」や「自分が大事にしているものを傷つけられた時」に沸き上がるものです。つまり、その中心は「自分」です。だから、他人から見たら「なんでそんなことに怒るの？」ということが往々にしてある。だって「自分が基準」だから。ということは、自分を中心に考え、自分の思考に凝り固まってしまうほど、怒りも多くなると考えられます。もしも、自分の意志や大切にしているものが何もなければ、「怒り」が沸き上がることなんてないでしょう。でも、そんな人はいません。

昔、大泉さんたちと芝居をやったことがありまして。私は芝居の演出は初めてで、テレビとは勝手が違うところがたくさんありました。公演が目前に迫っていたある日、私はつい大声でスタッフを怒鳴りつけてしまいました。怒るほどのことではない、スタッフのちょっとしたミスです。でも私は、キレたように怒鳴ってしまった。それを見た大泉さんが、「藤村さんが怒鳴ったところを初めて見た」と言いました。普段の私は、ほとんど怒らないんです。でもその時の私は、自分の思い通りにいかない芝居に腹を立て、それをぶつける対象を探していたんです。そこにたまたま、ミスをしたスタッフがいた。「オレがこんなに苦労しているのに！」と、そのスタッフに対して身勝手な怒りを投げつけた。冷静に考えれば、「自分が演出する芝居はおもしろいに決まっている」という自分への過大評価があったから、「こんなミスをするスタッフのせいでオレはうまくいかないんだ」と自分を擁護した。そういうことだと思います。

自分を過大評価せず、持てる能力を理解し、周りの状況を整理できたら、たぶんそんな「怒り」が沸き上がることはなかったと思います。

私は、そういう書籍を読んだことがないのでわからないんだけど、「怒らないように」というのは、決して「怒るな」と言っているわけではなく、「状況を整理しろ」とか「自分を理解しろ」というような意味のことを言ってるんじゃないでしょうか。「怒り」を沸き上がらせる前に、人間には「知性」があります。それを最大限に活かせば、多くの怒りは回避できると。それは、とても正しいことだと私は思います。

でも最近、「あまり怒らない藤村さん」が、ちょくちょく怒るようになってきたような気がします。どっかでまた自分を過大評価しているんでしょう。気をつけないと。

嬉野より

そもそも、怒るってなんだろう、と考えてみることにします。すると、怒りとは詰まるところ、排除することなのだという予感がしてくるのです。自分の領域に入ってこようとする他のオスに対して、大きな声を上げ、睨みつけ、牙を見せ威嚇して排除しようとする行為。それが怒りに違いないと思えるのです。人類に怒りという感情が発生した根っこにはそういう記憶があるのではないかと、ぼくには思えるのです。つまり、怒りとは、自分の領域を奪われまいとする排除行為から発生した感情なんじゃないかと、いうことです。

今でも親や教育者が子供に対して時に怒るのも、大人としては到底受け入れられない行いや考え方を子供から排除するためだと考えれば、怒りがそもそも排除を目的とするものだということとの説明がつくような気がします。子供は怒られ、怒りという威嚇に驚き、萎縮し、無反省にしでかしていた社会生活を脅かすような行為や考えを自らふるい落として、既に刃向かう気のないことを見せようと、大人の前でごろりと寝そべり腹を見せて恭順の意を示すのです。これを見て大人は、怒ることで有害なものの排除に成功したことを確認し、安全化した子供を社会という自分たちの縄張りへ招じ入れるのです。怒りの効用とはこのようなところにあるのだと思います。

では、怒りのメカニズムとは、どのようなものなのでしょうか。敵対者を威嚇するほどまでに怒るためには、そうとう感情を昂ぶらせなければならないわけですから、呑気な段取りを踏まず瞬発的に感情を発火爆発させなければなりません。その時、必要となってくるのは筋道立った理屈ではなく、自分の中に急激に立ちはだかるストレスなのだと考えます。

人に負荷を与えるストレス物質の発生によって、人はまず苛立ちを覚えるようになるのです。イライラが始まる。そしてそのイライラとした苛立ちから解放されない状態が一定時間以上続いてしまうと、あたかもその消えてくれない苛立ちを焼き消すためでもあるかのように怒りに火がつき、激情の炎が爆発的に燃え上がっていく。それが怒りのメカニズムだと、ぼくは思うのです。それまで自分の領域で気ままに過ごし、すべてがうまく進行していたのに、よそ者が明らかに自分へ向けて近寄ってきていることがわかると、そこで、これはまずいぞ戦いになるかもしれないというストレスが急激に立ち上がるわけです。威嚇して相手が立ち去ればよし、もし戦いとなって自分が破れた場合は自分が土地を追われることになるわけですから、それは生存の危機であり、そこにかかるストレスはものすごいものになるのです。

もちろん、現代において、ぼくらの住む日本社会は法治国家なので、ぼくらが、他人の進入を仕事にも行けないくらい常に警戒しなければならないとか、自分で戦って解決しなければならないとか、負ければ反対に追い払われてしまうとかいうことにはならないわけで。そのことを思えば、現代人は、本当のところ、日常生活をする分においては怒るほどの状況に追い込まれることなど既になくなっているはずなのに、ぼくらは、思い通りに仕事や人生が進まなくなると苛立ちを覚え始め、その苛立ちを解消できないと見るや、その苛立ちを自ら焼き消すかのように怒りを燃え上がらせてしまうという「怒り」のメカニズムだけはいまだに残してしまっているのです。おかげで今でもぼくらは、物事がうまく進まなくなると苛立ってしまいます。苛立ちは解決策さえ思いつけば知らぬ間に消えてしまうものですが、策を思いつけない場合、苛立ちはどんどん募ってしまう。その募る苛立ちが消せない限り、あとは時間の問題で怒り出すという順番が回ってきてしまう。そう考えていくと怒っている人というのは、その瞬間、とりあえず、人生がうまくいっていない人だと言いきることができると思います。

でも、仕事や人生が多少うまくいっていない時でも、精神修養や、いろんな解決策を思いついて苛立ちを解消できるだけの能力を持っている人は、怒りへと進ませずにすませているはずなのです。となると、苛立ち始めた自分を持て余して、苛立ちを消すその解決策も思いつけず、苛立ちに囲まれて、とうとう苛立ちを解消できない人だけが、その解消できない苛立ちを、能力ではなく、激情という火炎で焼き払おうとして怒る。現代の怒りの正体とは、おそらくそんなものだろうと思います。

だったら、ほんの些細なことにもつまずきを感じてしまう人は、どんな小さなつまずきでも苛立つことができるはずです。そして一度苛立つと、その苛立ちを自力で解消するだけの経験値がない分、周りがびっくりするほどどうでもいいことで怒り出すこともできるはずなのです。その人は、とにかく怒らないことには、自分の中に生じてしまった苛立ちを消すことができないのです。どうすれば、立ちはだかった問題を解決できるのか、落ち着いて考えるという習慣も、知恵も、経験的に養い蓄えてこなかったのだと思います。怒りは、他人の感情に直接訴えるアクションですから、本来、理屈では突破できない非常手段として最後の最後に使う、せっぱ詰まった行為であるはずなのです。

それを思えば、日常的なことで、そうそう頻繁にせっぱ詰まってしまうような人は、そもそも生きていくのが苦しいはずなのです。

あなたは、「怒らないことはいいことですか」と聞いているようですが、人間は、人生のどこかでせっぱ詰まれば、感情に訴えて怒るしかない時が来るのです。すなわち排除です。だったら怒りの後には、決別か、相手が改心して歩み寄るか、2つの道しか残されないはずです。怒りという、そんな根源的な感情に訴えなければならない非常時に、怒らないほうがいいとか悪いとか論議することは、あまりに呑気で、そもそも意味のあることには思えません。でも、日常生活程度で激しく怒ってしまうような人がいるなら、そこには、なんらかの反省をしたほうがいい自分がいるのかもしれないなと、一歩引いて考えてみてもらうくらいのことは、もちろん無駄な寄り道ではないだろうなという予感はいたします。さて、いかがでしょうか。

お悩み その15

よく、人を見る目がない、
見る目を養えと言われます。
でも、外見で人を判断するのって
難しいし、ましてや
人の心の中なんてわからない。
「人を見る目」って
なんなのでしょうか？

（30代女性）

藤村より

「人を見る目を養え」という言い方をされると、何やらそれは「練習しろ」「訓練しろ」と言われているような気がしますな。で、たぶんそれを言っている人も「訓練して経験を積めば身につくもんだ」と思っているような気がします。

果たして「人を見る目」というのは、練習して身につくものなんでしょうか。

「練習」とか「訓練」というのは、スポーツの世界でよく使われる言葉ですな。ボールがこう飛んできたらこう構える、相手がこう出てきたらこう倒す。一種の「パターン」を、練習によって体に染み込ませるということですな。これ、簡単に言えば「基本」ということですね。基本というのは「実戦」の前に身につけておくことです。キャッチボールとか体力作りとか、「相手」をつけないでやることです。つまりは、相手不在でまずは自分を鍛える。で、そうやって基本を身につけておけば、いざ実戦！ となった時に、体に染み込ませた数種類のパターンで、だいたいは対応できると。

確かに基本練習さえしっかりしておけば、一回戦、二回戦ぐらいまでは勝ち抜けます。でも、準決勝あたりからはもう基本だけでは太刀打ちできなくなってきます。強い相手というのは、数種類の基本パターンでは対応できない戦術を使ってきますからね。わざと基本を崩し、練習ではやったことのないパターンを使ってくる。となればこちらもパターンにとらわれない対応を迫られるわけです。さて、その時に重要になってくるのはなんでしょうか？　それは個々の選手の「一瞬のひらめき」とか「感覚」という、「もともとその人が持ち合わせていた資質」です。基本が大事なスポーツであっても、結局のところ勝負のカギを握るのは、「個人の資質」ということになります。大事な局面であればあるほど、個人の資質でしか勝負できないということです。

「人を見る目」って言葉は、たとえばこんな場面で使われます。

「あんな男のどこがいいわけ？　アナタ、見る目がないわねー」

経験豊かな先輩にそんなことを言われたりします。同い年の友達に言われることだってある。でも、誰が見たってダメな男を選んでしまうのは、そもそもその人が持っている資質なんです。いくら熱心な指導者がいて基本練習を重ねても、いざ実戦！　となった時には、「ワタシはやっぱり彼が……」なんつって、個人の資質で勝負に出てしまうのです。それはもうどうしようもない。

「人を見る目」ってなんなんでしょう？

それは、人と相対した時に出てくる「自分の資質そのもの」ということじゃないでしょうか。他人がその人物をどう見ようと、あなたに見えるものは、あなたにしか見えない。ダメな男だって、あなたにはいい人にしか見えない。それが、あなたの「人を見る目」です。先輩に見えるものが、あなたには見えない。でも、あなたにしか見えないものだってちゃんとある。そこが理解できないと「おまえは人を見る目がない」と言われて、大いに迷うことになる。そんなこと言われたくないから「人を見る目だって練習すればなんとかなる」と思いたくなる。そうやって結局、一番大事な「自分の資質」すら見失うことになる。すなわち、あなたの「人を見る目」が、そうやって失われることもあるということなのです。

確かに、若き日は練習も大事でしょう。でも、いい大人になったのなら、数種類の教えてもらったパターンで相手にうまいこと対処しようなんて、それはあまりにも未熟な考えに頼っているとしか思えません。いいかげんもう自分の資質を理解して、それを正直にぶつける。そうなれば、相手だってなまじっかな戦法では太刀打ちできなくなる。相手も正直にぶつかるしかなくなる。そうなれば大人同士の、いい関係が築ける。「人を見る目を養う」という基本練習は若いうちにすること。大人になったら、自分の資質を見極めることのほうが重要です。

「外見で人を判断するのって難しいし、ましてや人の心の中なんてわからない」と思うのなら、じゃあ「自分はなんなのか」「自分は相手にどういうことができるのか」という、自分の資質を知ればいいんじゃないでしょうか。迷わず、正直に。

嬉野より

「人を見る目」と聞くと、「あんたにはない！」と言われていたある人のことを私は懐かしく思い出します。あれは、私がまだ小学生だったころのことです。母の弟である私のおじさんが、友人に頼られて借金の連帯保証人になって判をつき、その書類が金貸しに渡って数日経ったある晩、やっぱりという感じで友人は夜逃げをしたまま行方知れずとなり、判を押したおじさんのところに覚えのない借金が残るということが一度ならずありました。不幸中の幸いといえば、残された借金の額が死にたくなるような巨額ではなかったということで、おじさんの人生も悲惨なことにならずにすみ、いや、というか、巨額でなかったからこそ、おじさんも「いいよ」と判をついたのかもしれませんが、それでもおじさんの給料の半年分くらいではあったりしたわけで。だから、そんなことが一度ならずもあれば、そのたびに母は電話で「本当にあんたは人を見る目がない」と、くどくどと説教をし、私は、そんなおじさんを思うにつけ、子供心にも、悪いのは自分の借金をおじさんに押しつけて逃げたおじさんの友達なのにと思い、割り切れない思いにとらわれたことを覚えています。

「人を見る目」のありなしというのは、骨董や美術品を鑑定する目利きとは違うものだと思います。もっと素朴でかなり切実な、いうならば、あらかじめ人類に備えられた危険回避のためのセキュリティーシステムのようなものではないかと思うのです。

たとえば人は、単独で生きていく野生動物とは違い、群れをなし社会を形成し、その中で他の人間と接触しながら生きていかねばならないという縛りを持つ生物です。ところが生物は、そもそも自分の安全を最優先に考えて行動しようとしますから、もし自分の身に危機が迫っているのなら他の個体を踏みつけにしてでも安全な場所を確保して生き延びようとするはずのものなのです。集団で社会を営み、他人と接触しながら生きていかねばならないというのに、接触してくるその他人は、状況によっては自分勝手な理屈で動き、場合によっては私という個体を窮地に陥れることだってしてしまう。日常的に繰り返さなければならない他人との接触の中で、私たち人間は、自分に接触してくる他の個体を注意深く観察しないと騙されてしまう危険がともなう。私たちは、そんな物騒な環境で生きているということです。社会とは、私たちに多大な恩恵をもたらすのですが、一方で、そのような物騒な一面も持っており、その危険性だけは、どうしても拭い去ることができないのです。

そこで、その危険を回避するために「人を見る目」というセキュリティーシステムが個々の人間に組み込まれている。そういうことではないかしらと思うのです。

おじさんに連帯保証人になってほしいと頼んで近寄ってきた友人も、つまりは自分という個体の安全のことだけを考えて行動しなければならないほどに追い詰められていた状況だったということです。返すあてなど初めからなかったのです。でも、もうどこからも金を借りられないからおじさんのところへ来た。そうでもして誰かに借りないことには自分が借金取りに大変な目に遭わされてしまうという恐怖心が優先してしまったのだと思います。だからその友人は、友情を罠に、おじさんを踏みつけにして自分だけ安全な場所へ避難しようとした。その踏み台におじさんを選んだ。こんな時の危機を回避するために「人を見る目」というセキュリティーシステムが備わっているはずなのに、おじさんは、どうしてそのことがわからなかったのか。

ひょっとするとおじさんは、そのあたりのリスクをあまり考えたくなかったんだろうなと思うのです。考えたくなかったから信じることにした。おじさんは「疑う」より「信じる」ことを選びたかったのだと思います。人間には、そういう欲求、すなわち「信じたい」という欲求が常に根底にあるのではと、私は予感するのです。

それでは、なぜ人間は「疑いたい」ではなく「信じたい」と欲求したがるのか。

そこをつきつめていけば、まず私たちは、「信じる」より「疑う」ほうがリスクを回避する確率は明らかに高いじゃないかという事実を発見すると思うのです。だってねぇ、常に相手を疑って「NO！」と突っぱねれば、なんのリスクも負わないわけですからね。であれば「疑う」→「信じない」ということを繰り返すことでリスクは100％回避できます。でも、「疑う」→「信じない」ということで、リスクは回避できたとしても、そのことで誰も信じられなくなっていくのであれば、その後はすべてを自分ひとりで賄わなければならなくなってしまい、誰ひとり信じられなくなれば誰とも交流できなくなってしまうわけです。それでは負担が大きすぎる。そのことを考えれば、1人で生きる野生動物とは違い群で協力し合って生きていく生物である人間にとっては、「疑う」ことで回避できたリスク以上に「疑う」ことでかかってしまうコストのほうが莫大になってしまい、結果として、リスク回避だけを優先することは割に合わない勘定になってしまうのです。

人間は、そのことを知っているから、「疑うべきかも」と思う時でも反動のように「信じたい」と欲求してしまうことでコストバランスを保とうとしているのかもしれないと、私などは思うのです。

だからね。最低限、生命の危機さえ感じなければという条件つきで、人は信じるほうを選びたがるのかもしれない。なんだか、そういう理屈が考えられるのではないでしょうか。

そう考えた時には「人を見る目がない」ことも、人間の持つコストバランスを考える回路が機能してのことだと考えられますから、異常事態ではなく、よくある話ということになるはずです。となれば、あなた自身が困っていない限りにおいて「人を見る目」がない状況が続いても特段あなたに被害は発生していないのですから、問題にせずにいてもよいのかもしれません。ただ、この先もしも、おじさんのように困ったことになったら、身近な人を頼りにしなければならない状況にもなるわけですから、その時の保険のために、周囲の人の意見に耳を傾け、忠告してくれる近しい人々に敬意を表しておくというアピールも、怠らずやっておくことが時には大事だと納得するほうが利口だと私は思います。

ならば、「人を見る目を養え」と、言われてしまう身のあなたですから、一度その口車に素直に乗ってみて、冷静に、あなたの友人たちが、あなたを踏みつけにしていないか、あなたに忠告してくれる人の意見を詳しく聞いてみて、そのデータをもとにあなたの交友関係を逐一点検してみることも、コストバランスの上では大事なことかもしれませんよ、と、私はとりあえずご忠告する者であります。一度お考えになってみてはいかがでしょうか。

さて、「人を見る目がない」と言われていたおじさんは、私が中学へ上がる年に27歳で結婚し晴れて一家を成す身となり、それからは連帯保証人になって家族を騒がせることもなくなりました。ただ職場でのつき合いのよさが甚だしく、帰りは毎晩深夜となり、べろべろに酔って帰るのですが、不思議と新居のアパートへは間違うことなく帰り着き、ただ、どうしたことか、必ずドアを一軒間違えて、毎晩正確に隣家のドアをドンドンと叩き、甚だ迷惑がられはしたものの、なぜか憎めない愛嬌のあるおじさんには、隣の奥さんもあきらめ顔の笑い話ですませてくれ、職場では上司という上司に可愛がられ、それが縁でもないのだろうけど、おじさんは最後には県の大学の学生課長にまで昇進し、7年ほど前に定年で退職し「人を見る目のなかった人」も今は悠々自適の日々のようです。

お悩み その15

お悩み その16

小学生の息子に「男のかっこよさってなんだ」と聞かれ、答えに窮しました。

どうしてそんなことを急に言い出したのか聞いてみると「女の子にモテたい！」と返ってきて、我が子ながらかっこ悪いやら情けないやら……。

それはそれとしても、真なる男のかっこよさとは？

子に語るべきかっこよさとはなんでしょう？


（30代男性）

男は信念に燃える！
つらぬく情熱
どんなときにでも
ホホエむ強さ
かな。
ほほー
カッコイイじゃん

藤村より

2年ほど前、嬉野さんと東北の三陸を訪れた時に、地元の広告代理店の方があるイタリア料理屋に連れていってくれました。地場の素材を使い、東京からもお客さんが来るという、地元では有名な店でした。もちろん料理は絶品でしたが、それよりも私が興味をひかれたのは、テッカテカのオールバックで厨房を仕切るその店の店主らしき男の人でした。「やけに脂ぎっているオヤジじゃないか」と。「絶対昔はワルだっただろう」と。それで、あらかた料理も出きったあたりを見計らって、ひとり厨房に近い席に移り、そのオールバックに話しかけました。「いやー美味かったです」と。「そうですか、ありがとうございます」と。

で、単刀直入に聞いてみました。

「なんでこんな田舎でイタリア料理屋なんか開こうと思ったんですか」と。

オールバックはこう答えました。

「オレらが若いころは、この町に女の子をデートに誘えるような店がなかったんだ」と。

「だから、自分が作ろうと思ったんだ」と。

「うはははは！　マジで？」

つまりは、女の子にモテたいみたいな下心が、こんな田舎町にシャレたイタリア料理屋を作らせたのだと。その下心をベースとした如何ともしがたい彼の衝動が、この町の食材を絶品のイタリアンへと昇華させたのだと。その下心の象徴がすなわち、そのテッカテカのオールバックなんだろうと。

「なんてわかりやすいんだ！」

「動機が不純であるがゆえに、逆にもうこれは純粋じゃないか！」

私は感服し、とてもうれしくなってそのオールバック店主と話すうちに、彼は私と同い年で、私と同じくラグビーをしていたこともわかって意気投合。「もう店を閉めるから一緒に飲みに行こう」と言われ、その日の宿がずいぶん離れているにもかかわらず、私は同行者のみなさんと別れ、オールバックと2人で飲みに行ったのでした。飲みながらお互いの境遇を熱く語り合い、「地方にいたって結果は出せるんだ！」「おまえはよくやってるよ！」『おまえこそ！』『今日は会えてうれしかったな！』と、ガッチリ肩を組んで外へ出れば、三陸の風も冷たい午前2時。今夜の私の宿は数十キロも先。「大丈夫だ！　オレが責任をもって送ってやるから」と、オールバックは男気を出してタクシーを呼び、そのまま一緒に乗り込んできたのでありました。

深夜の三陸自動車道を飛ばすタクシーの中でも更にヒートアップして熱く語り合うこと約1時間、宿に到着して「ありがとう！」と、ガッチリ抱き合って別れ際、「にしても、タクシー代えらいことになるぞ。だっておまえ、またこのまま乗って帰るんだろ？」と、「そんなこと心配するな！　大丈夫だ！」と、男気にあふれまくったオールバックが財布を叩いて答えると、タクシーの運転手が窓からすっと顔を出し、「大丈夫だよ。もうメーターは切ってあるから。あとはオレが送っていくよ」と男気返し。「ありがとうございますッ！」と、深々と頭を下げる脂ぎったおっさんたちの午前3時。あふれんばかりの男気に冷たい風も熱風に感じられる東北三陸の夜でした。

札幌に戻ると、私はオールバックに「水曜どうでしょう」のDVDを送り、彼からはお礼の葉書が届きました。「またいつでも来てくれよ」と。

そして、震災。

あの夜を過ごした町は、巨大な津波の被害を全身に受けていました。ひと月ほどたったころ、私は地元の放送局の知り合いに、あのイタリア料理屋の消息を尋ねました。すると「今ちょうど店主の方がテレビに出てますよ」と。「何！　やつは何をやってるんだ?」と。聞けば、彼はあの町にある避難所で、毎日毎日、人々が避難食に飽きないように料理のメニューを組み立てていると。そして、その顔は相変わらず脂ぎって、その頭は、相変わらずのテッカテカのオールバックで、ビシッとキメていると。

私は、たまらなくうれしくなりました。

そして、「かっこいいぞ!」と、渾身のガッツポーズを決めたのでした。

真なる男のかっこよさとは、なんでしょうか。それは、私にもよくわからないし、別にわかる必要もないと思います。誰かがそれをかっこいいと思えば、それはかっこいいんです。

あなたの息子さんが「男のかっこよさってなんだろう?」と思い、その理由が「女の子にモテたい!」という、非常にシンプルなものであったこと。それは、なんの邪心もない、純粋なものです。それを「かっこ悪い」と思って、わかってもいない「真のかっこよさ」をのうのうと語ってしまう大人こそ、何か、自分の皮膚ではなく、実感のない殻をかぶって、その中に入り込んで年下の者たちにわかったような物言いをするだけの、かっこ悪い大人です。

でもあなたは、そんな「かっこ悪いこと」を言う息子をにこやかな顔で眺め、心から愛しています。それが、あなたの言葉から感じられます。

であれば、子に語るより、「バカだなぁ」と思いつつも子の話にちゃんとうなずいてあげることが、あなたにできることではないでしょうか。息子が、その純粋な気持ちを、「なるべく長く」持ち続けられるように。殻に入り込んで態度だけ大人ぶったかっこ悪い大人にならないように。ずっと愛し続けてあげる。それをいつか息子が、「かっこいい」と言ってくれたら、それが一番じゃないですか。

嬉野より

かっこよさ、ってのは。

若々しい、なんか生命力であふれてる場所でよく感じることがある気がする。

時代で言えば、信長とか秀吉が元気にしてた時代。テレビで誰かが話してた。秀吉が天下統一したころに、みんなが争うようにして秀吉に頭を下げに来たのに最後まで来なかったやつがいて、そいつがとうとう頭を下げに来たらしい。その時そいつが着てきた服装が度肝を抜かれるほど際立って奇抜な色とデザインで、それだってちょっとした騒ぎになっていたんだけど、そんな、おしゃれで反骨精神むき出しのような元気なやつが、満座の中で、いよいよ秀吉に対して平伏する。みんなは、あれだけの男でもやはり秀吉の前で這いつくばるのかと、ちょっと残念にも思ったけど、何よりみんな秀吉の力にビビっていたから、世間が秀吉に観念するしかない時代が来たんだって、どっか息苦しい気持ちでそいつを見てた。そいつは秀吉の前に進み出ると、あっさり這いつくばって頭を下げた。

でも、なんだろう、何かが変だった。

昔の人は、ちょんまげヘアーだから、頭のてっぺんを剃ってて、その上に長細く結った髷がちょんと乗っかる感じ。だから土下座して畳みに額をこすりつけた状態の人を正面から見たら、青々と剃られた頭のてっぺんで、黒くて細長い茄子みたいに結われた髷が数字の1のように見えるはず。で、そいつの髷も確かに秀吉の位置からそう見えた。でも、なんかおかしかった。おかしいはず。よく見たら。そいつの顔は下でなく横を向いてた。畳にこすりつけていたのは額でなくて耳のあたりだった。そいつは秀吉の前で、そっぽを向いてやった。それなのに頭のてっぺんの形だけは秀吉の位置から土下座した状態に見えるようへアースタイルを調整していた。命がけのいたずらのようなことを秀吉に対してした。秀吉は、おもしろがって大笑いして上機嫌で、そいつを咎めることもしなかった。

緊張感がありすぎるような、なさすぎるような。中学生の放課後のような。子供じみた意地っ張りのような。

けど、ひとつ間違えば間違いなく命がないのにやってのける。そこには、自分の気分のままに生きられないのなら、そんなもの、とても生きてるとは言えないという単純明快な気分がある。そんな明るさの中で命懸けで気分のいいことをやってのけるやつはかっこいい。

でも、殺されてしまったら、やはり、かっこいいとは言っていられなくなる。つまり、そんなことをやってのけるやつがいるのは、厳罰を与えて人に恐れられるほどの為政者だって、気分に共感してくれさえすれば笑って大目に見てくれると信じられた時代だったからだと思う。長い長い戦国時代から天下統一までを生きてきた人間たちは、みんなで時代を作って、みんなで時代を感じたと思えるほどに同時代人だったのかもしれない。身分の上下はあっても、みんな同じ時代の気分を吸って生きていたという自負を持つ。だから酸素を吸うように、誰もが気分抜きでは息ができなかった。だから誰もが気分を大事にすることに共感でき、気持ちのいい気分の前では上下関係だって瞬間的になくなると信じていられた。他人を信じられる時代は明るい。気分のままに生きられないのなら生きている甲斐がないとさえ思うほど、誰もが精神的に自立していた時代だったのだと思う。

みんなが外へ向かって飛び出そうとするのは自立している証拠。その風通しのよい開放感に導かれて奇妙に明るい気分がみんなを支配した時代。それを思えば、かっこよさの傍には自分の気分に真っ正直に生きている感じがある。その単純さが奇妙な明るさを生んでいる。

あんたの息子も「女の子にモテたい！」と、自分の気分に真っ正直に生きている。その真っ正直な気分をこの先も酸素のように吸って、大人になっても自分の気分に真っ正直に生きていれば、いつか、周りも明るくするかっこいい男になるかもしれない。どんなに閉塞感があったって、当たり前のように窓を開けて風を入れ、その場の気分を気持ちのいいほうに変えてしまう男。あんたの息子がそんな男になれば、それ、かっこいいですよ。ねぇ。

ということでね。ここまで考えてみたけど。やっぱりかっこいい男なんてイメージはオレの柄ではないようだね。やっぱりオレにはかっこいい男は眩しいよ。だからオレはね、かっこいいのは、やっぱりいいや。もうすっかり身体が小市民になってるんだ。

そういえば、少し前にうちの藤村さんと京都へ行った時ね、空いてた時間に二条城へ行ったの。二条城は幕末に大政奉還がなされた歴史の表舞台。この広間に徳川慶喜がいて、諸侯が居並んで、って考えながら二条城の中を歩いてたら気が滅入ってきてね。いやぁこの緊張感の中で生きるのはオレの柄じゃないなとつくづく思った。こんな緊張感の果てに何かしくじりをして腹を切るなんて恐ろしいこと絶対できないなと思った。そして思ったね。

そうだ、オレが一番目指したいのは若旦那的な身分だなって。

あぁ、そうだ若旦那。しっかり者の先代がまだまだ元気に切り盛りしてる商家の若旦那。毎日ふらふら、ふわふわしててね、責任もない。ものも思い放題。あちこち習い事に通っても、ものにならなくていい。たまに親父に「おまえ！　ちょっとここへおいで！」って、呼ばれて小言を言われて、頭掻いて詫び入れてるふりするくらいの責任感。性に合ってるなぁ、そういうの。そのかわり商売事が嫌いなわけじゃないから、場合によっては身代だってでかくするかもしれない。あぁ、若旦那いいわ。そう思ったら元気になったので、二条城の庭でうちの藤村さんに言ったね。

「藤村くん、かりに激動の時代に生まれ変わるならさぁ、オレはサムライは絶対やだ。商家の若旦那がいいと思うんだよね」

これを聞いてうちの藤村さんはおもしろそうに爆笑したね。だってあの人は、せっかくそんな時代に生まれ変わるんなら、自分だったら戦国武将か一国一城の主だと思っていたらしいから。それが、目の前にいるやつが、突然、夢は若旦那と言い出せば、ギャップがありすぎて吹き出したんだね。なるほど、そら夢が違いすぎる。

タイプの違いとはイメージにまで及ぶんだなぁと思ったけど、でもあの人、大丈夫なんだろうか、戦国武将とか、そんなもんになって……とも思った。

お悩み その16

お悩み その17

子育てって、なんなのでしょうか。
評価されない、給料ももらえない、
で、年中無休。
こんなふうに思っている私は
子育てには向いていないような
気がします。

（26歳女性）

わたしは小鳥ちゃん
ズーっとラブしていたいのよ
こまった
てなことなんでしょうネ
cuzina imoni

藤村より

さっきまで私、風呂に入っておりまして、この質問の答えを考えておりました。自分の子育ての経験から、いくつか回答めいたことが思い浮かびましたが、なんだかどうもしっくりこない。で、風呂から上がって、パソコンを開いて、あらためてあなたの質問を読み返してみました。

「評価」「給料」「年中無休」。

「あ、そうか」と思いました。あなたは、「子供を産んで育てる」ということを、「仕事」と同じような視点で考えている。そう考えた場合、子供を産むことによって得られるものよりも、リスクのほうが大きいと。そうなんです。「今の時代」に則して考えれば、確かにその通りなんです。

これまでの女性は、子育てを「仕事（ビジネス）」とは考えていなかったはずです。それは女性が社会から与えられた「役割」であると、そこに悩みを挟み込む余地はほとんどなかった。でも今は、若い女性たちがなるべく早く結婚をし、子供を産み育てることが自分たちの役割であるという旧来の考え方に少なからず疑問を抱いている。いや、疑問を抱かざるを得ない社会になっている、ということです。

だからこれは、あなた個人が、「子育てに向いているかどうか」という問題ではなく、あなたがそう考えてしまう今の社会にこそ、あなたたち若い女性の悩みのタネがあるのだと思い至ったのです。

古代より、「子供を産む」という行為は「その時代の社会情勢」と密接に関連していました。食物が十分に行き届かない時代には、子供が生き残る確率が低かった。だから、たくさん子供を産んだ。「産めよ増やせよ」と言われていた戦時中は、人間を戦力として捉え、数の論理で国力を上げようと躍起になっていた。だから女性は、社会の一員として子供をたくさん産んだ。やがて医療技術が発達し、食料事情もよくなって寿命が延びた。そうやって人間社会は、爆発的に人口を増やし続けてきた。

そして今、26歳の女性であるあなたは、子供を産み育てることに躊躇している。あなたは「子育てには向いていない」と思っているけれど、「地球環境」には無関心ではないと思う。自分のことはさておき、環境問題や福祉事業に積極的に関わる女性は実に多い。

「エコ」「節約」「リサイクル」、そして「福祉」、さらには「原発」……現代社会のキーワードであるこれらの言葉に共通するものは何か。これらはすべて「増えすぎた人口に対処するために生まれた言葉」なんです。

そうです。今はもう、人間の数が多すぎるんです。このまま人口が増え続ければ、人間はいつか対処しきれなくなる。それを人間社会全体が感じ取っているんです。だから実際に、先進国では人口は減少傾向にある。この社会に歯止めをかけようとしている。だから、いくら政府が「子育て支援」を打ち出したところで、誰もその口車には乗ろうとしない。なぜなら、今子供を産んだところで、その子供たちは来たるべき高齢化社会の重い荷を背負うだけだと思わずにはいられないから。寿命が延びきった年寄りたちの面倒を見ることだけに終始する子供たちの未来に、女性たちが、暗澹たる思いを抱いてしまうから。

26歳のあなたに、私はとても現実的なことを言い連ねてしまったかもしれない。でも、「子育てって、なんなのでしょうか」という疑問を持ってしまったあなたに、「子育ては仕事ではないんだ」「評価でもなく給与でもないものが、必ず子供から与えられるんだ」と、そんな答えを書いたところで、あなたには納得してもらえないだろうと思ったのです。

あなたが思い悩んでしまうのは仕方がないことです。

でも、あえて言わせてもらうなら、もしあなたが子供を産まない選択をしたとしても、あなたはひとりの女性として、自分の将来だけでなく、これからの社会の行く末を考えてほしいと強く思っています。これまでは男性が、社会の仕組みを作ってきました。男性が政治を回し、争いを起こし、その結果、富める経済こそが豊かな人間生活を形作ると定義づけました。でも、そんな経済中心の思考を押し進める中で、女性たちは、子供を産み育てることこそが効率的ではないと思い至った。これまで子供を産み育てることになんの迷いもなく突き進んできた女性たちが、子供を産みにくい状況に陥ったこの社会の中で、これから何を考え、どんな役割を見いだし、何を糧にして生きていくのか。私には、それが何かはわかりません。あなたたち女性たちも、どうしたらいいのかわからないでしょう。でも、あなたたち若い女性が、この行き詰まった男性社会の中でそれでも幸せに生きていく道筋をどこかに見いだしてくれたのなら、これから生まれくる数少ない子供たちの将来にも、一筋の光明が見えてくるのではないかと、そんな気がしてならないのです。

26歳の女性であるあなたは、まず、これからの自分の幸せがどこにあるのかを、考えてみてください。

嬉野より

思うに。
子供は、自分ひとりでは生きられない状態でこの世に出てくるしかないから、大人が何くれとなく手を貸してあげないとその子は健康に育つことができなくて死んでしまう。子供たちが育つことができなければ、人類の継続はそこで止まってしまう。子育ての意味は、種の継続。それだけのことだと思います。

つまり人類には、産まれてもすぐには自分ひとりで生きていけない状態で次へつなぐ者を産み落とすしかなかった事情があったのでしょうね。だから子育てという大変な仕事がついてまわるのは、人類という種が選択した道だったと言えるはずです。人間が子育てをしなければならなくなった理由は人類が誕生したその始まりに既にあったわけで。こうして人類は、親に育てられ→成長し→異性と出会い→交配し→出産し→育児をし→その子が成長し→今度はその子が異性と出会い→交配し→出産し→育児をし、と受け継がれ繰り返してここまで辿り着いてきたわけで。そう考えれば人類の歴史とは今書いた繰り返しの部分のことを言っていただけだったはずなんです。ずっとその繰り返しの部分だけが人生というに値するものだったと思うのです。何万年もね。

でも、ここ数十年。人間はずいぶん豊かになって。なんだかもう、その繰り返しの部分だけでは充実できなくなったのだと思います。だから、あなたの悩みは、あなただけの悩みではなく、今という時代と不可分のことなのです。

本来はね、子供をたくさん産むことは、その子たちがまた子供を産んで、その子たちが産んだ子たちがまた子供を産むことにつながっていくから。結果的に自分の一族が増え、かつては一族が増えることだけが、その一族の生産力を大幅に上げることにストレートにつながっていたはずだから、子供ができて孫ができてするうちに生活が楽になっていくわけで。結婚もせず子供もない個人のままでいては、とうてい生きていけなかったわけだから。そうであれば人生の成功とは、自分が長生きし、自分の傍で子や孫やひ孫がたくさん元気に暮らすのを眺められること、そのことが何よりの人生の成功じゃなかったのかなぁって思います。そのビジュアルを、今ぼくらは、あんまり見ることができないから、子供を産み育てることに満足感が持てないこともあるのだろうけど。今だって、歳を取ってから、自分の周りに自分の産み落とした結果が自分の一族としてたくさん暮らしている様を見るのは相変わらず充実するビジュアルだと思うけど、核家族化も進んでいるだけになかなか難しい。

結局、今の時代、人生の成功というのは、一族の繁栄というわかりやすいビジュアルではなく、他人が集まる社会で「個人が、のしあがる」ということなのでしょう。つまり偉い身分の人になる。お金持ちになる。有名な人になる。人気者になるといったことです。今の時代の人は、そういう人が大好きだから、自然とそういう人たちにお金もビックリするくらい流れていくのでしょうし、だからみんなますますそういう人になりたいと思うんでしょうしね。

結局、コンビニのような便利な店がある都会で暮らしていれば、お金さえあれば、個人で楽しく生きていける時代なのですから、それならそんな時代においての成功は、種や一族としての成功ではないのでしょうね。個人で生きていける時代の成功は、つまるところ個人としての成功以外にないということなのでしょう。

そうやって誰も彼もが個人的な成功を目指すなら、あなたが疑問に思い始めたように、子育てという種の継続を目指す全人類的な行為に意味が持てなくなるのも道理です。出会い→結婚→出産→育児という、種の存続のために人類が何万年も繰り返し受け継いできた根源的なことに、みんな興味を失っていきつつあるのでしょうか。本当にそうなら、あなたのように家でひとり、日中、泣きやんでくれない赤ん坊と格闘しなければならない大変な毎日は、大変なだけで、決してあなた個人の成功にはつながらないわけですから、子育ては、あなた個人にとってなんの意味があるのだろうと思えてしまうのは当たり前で。子育てにかかる労力が莫大であるだけに、現代を生きるあなたが目指さなければならない、あなたの個人的な成功のためには、子育てなどに代表される全人類的行為に力を割いていてては、あなた個人の成功は覚束ないでしょう。そうであれば、そこからの逃走は不可欠と思え、あなたは焦るのです。

だから、あなたは子育てに向いていないのではないのです。ただ、あなたも現代という時代の中で成功を目指したいと願う個人だということです。子育てから逃走したいと願うあなたの気持ちは、だから無理もないこと、となるのだと思います。

「でも…」と、ぼくは、同時に思うのです。それならぼくらは、テレビも捨てて、新聞も購読せず、インターネットも見ないで暮らしたらどうなんだろうと。

いや、そんなことまでしなくても、仮に、たとえばこの先不景気で、あなたの旦那さんの年収が思いっきり減ったとしたら……。小さな子供もいるし。亭主は外食を断念してお金を節約しようとする。あなたは工夫を凝らしてお弁当を作る。ならば亭主は、晩ご飯もお家で食べるようになる。お金で買えていた娯楽も買えないとなれば、亭主は休みの日も家にいて。そんな時、小さな我が子が振りまく笑顔は両親にとって娯楽ではないのだろうか。その笑顔見たさに子供に構って一緒に遊んであげたり子供の世話をしたりするのではないだろうか。そうして一緒にいる時間が増えるだけで、子供に対する興味も自然と湧き愛着も増すのではないだろうか。不景気になって、お金がなくなって、物がなくなって、個人で生きるのが大変になっていけば、ひとりより、夫婦2人でいることに素直に安心するのではないだろうか。その実感さえ持てれば、お互いを素直に労れるようになるのではないだろうか。

私という個人にこだわるより家族という単位の中で奮闘する——どうしてだかそれが人間には一番いいことのように思えるのです。今という時代を生きる時、若い夫婦が、家族で力を合わせて生活しようとする状況が、ぼくにはなぜだかノアの箱船のように思えるのです。

これから、どんな嵐が吹くかしれない、どんな大雨が降るかしれない。でも、個人を離れて家族を思えさえすれば、その気持ちにそれぞれが奮い立ち自分の家族を守ろうと奮闘するようになる。

家族はシェルターです。どんなに困難な時代が来ようとも、家族がいれば乗り越えていける。そのことを、人類10万年の歴史が証明している。人類が家族という単位を持ち、嵐を乗り越えてきたから、人類は今の時代までつながったのです。だからぼくらは、こうして生きている。人類の最小単位は個人ではない。人類の最小単位は家族。なぜだかね、ぼくにはそう思えてならないのですよ。健闘を祈ります。

お悩み その18

会社組織への不信に悩みます。
自分のために保身できる者が上に行き、
会社の利益極大化のために
働ける者が下に残る。
仕事はずるいことをした者が勝ち、
なのでしょうか。

（41歳男性）

藤村より

いやぁー、もうね、わかりますよ。日本中のほぼすべての会社組織がそうじゃないかってぐらい、会う人会う人がみんな、あなたと同じことを言います。どこの会社でも、上役を信頼できない、信頼できる上役がほとんどいない、政治の世界もそうだけれど、それが日本の組織の現状なんだと思います。

「自分のための保身をする者」、つまり「社内でうまく立ち回る者」ですね。

一方、「会社の利益のために働く者」、つまりは「実務で実績を上げる者」ですよね。

「なぜ社内でうまく立ち回ることばかりに力を注ぐ者が出世して、実際に会社の利益になるような実績を上げた者が出世しないんでしょうか？」と。

これはねぇ……考えてみれば、実は「当たり前のこと」なんですよね。

だってね、社内でうまく立ち回る者たちは、社内の情報収集を怠らず、常に会社（上司）

の意向を探り、自分の発想はなるべく持たず、会社の意向に沿って仕事をし、社内の調整にその持てる能力のほとんどを使っているわけです。つまり、その目線は常に社内を向いている。

一方、会社に利益をもたらそうとするならば、当たり前のことだけれど、「社外」から利益を引っぱってこなくちゃならない。社内調整に心血を注いだところで1円の利益も産み出さないのだから、必然的に、社内の人間よりも仕事相手やお客さんと密接な信頼関係を築こうとする。だから、その日は常に外を向いている。

この目線の違いを考えれば、どうしたって「社内でうまく立ち回る者」のほうが出世しますよ。だって、そもそも評価を決めるのは、社内の人間（上司）なんですから。会社の意向を、仕事相手やお客さんの意向よりも大事に考えてくれるんですから、それは社内の人間にとってはうれしいことじゃないですか。「よしよし」と、「おれはちゃんと評価を与えてやるぞ」と。「おとうちゃーん！」なんて甘えてくる子供に対しては、「よしよし、成績は悪くても、おれはおまえをちゃんと評価してるぞ」と、そういう気持ちになるじゃないですか。それと同じです。だから、会社にとって「愛すべき者」に対する評価はこうなります。

「確かに彼はたいした実績は上げていないけど、いつも遅くまで会社に残って、周りに目を配り、よくやってるじゃないか」と。

一方、会社（上司）よりも、仕事相手の意向を優先して、その結果、利益を上げたところで、こう言われるわけです。

「まぁ、彼の実績は確かに認めるけれども、いつも何をやっているのかわからないし、われわれの言うことに素直に従おうとはしないし、果たしてそれでこれからもうまくやっていけるのかねぇ」と。

こうなると、どう考えても出世は望めませんよね。だからね、いくら実績を上げても、社内にちゃんと目を配らない限り、出世はできないんです。

「でも、みんなが社内でうまく立ち回ることばかり考えてたら、会社はつぶれちゃうじゃないですか」と思いますよね。

でもね、なかなかつぶれないんですよ。つまり、余裕があるんです。せっぱ詰まるところまでは行ってない。なぜなら、あなたのように、社外に目を向けて、ちゃんと働いている人間もいるわけですから。そういう人間が「少しでも」いる限り、会社はなんとか成り立っていけるんです。会社組織なんて、実はそのぐらいのもんなんだと私は思っています。

人がたくさん集まって組織を作れば、その中でいろんな考えがうごめくのは当然です。全員が同じ方向を向くなんてことはあり得ない。いろんな考え方がうごめき、そこに不信や不満が内包されているからこそ、実は、組織が組織として、生命体のように動き続けていられるのではないかと、そんなことも思うんです。たとえばあなたは、「もっと会社の利益を第一に考えて仕事をしてほしいよ」なんつって、飲みながら憤慨して愚痴ったりするわけでしょう。そしたら周りの人たちも「まったくだよなぁ」なんつって、逆に結束が固まったりするわけでしょう。一方で、「会社の意向ってのがあるわけだから、外で好き勝手に動かれるのは困るんだよなぁ」なんていう人たちもいて、「まったくですよねぇ」なんつって、そっちはそっちで結束が固まったりして。組織ってのは、そういう不信や不満のぶつかり合いをエネルギーに変換することによって、毎日毎日を飽きることなく動かしてるような気がするんです。

どっちの考え方が正しいとか、そういう問題じゃないと思うんです。「あいつのやり方はずるい」と思っていても、相手だって「あいつのほうがずるい」と思っているんです。

お互い様です。問題とすべきは、自分の考え方を曲げられない人ほど、他方の考え方をハナから受け入れようともしないということです。受け入れられないから、そこに不満が生じ、悩みが生じる。不満を生じさせないためには、相手の考え方を認めるしか方法はありません。

「おまえはおまえの考え方で社内を引っぱってくれ。おれはおれの考え方で利益を引っぱってくるから」と、そうかっこつけて言うしか、この悩みを解決する手だてはないんです。

だって、今さらあなたも「社内でうまく立ち回る」なんてことできないでしょう。「そんなヒマがあったら相手先を駆けずり回ってたほうがよっぽど自分のためになる」と思ってるでしょう。私だって、「もうちょっと社内でうまくやったほうがいいぞ」と言ってくれる人がいるけれど、「わかってますけど、そんなことをしている時間が本当にないんです」と、結局のところ態度をあらためることもなく、外にばかり目を向けている。これは、他方から見れば、とてもわがままなことです。わがままを押し通すわけだから、その代わりに実績を上げていかなければ、会社にいることなんかできません。出世できるかどうかは、その時の組織のトップにいる人たちの考え方しだいですから、そこに悩んでも仕方のないことなんです。

会社員人生も40歳を過ぎたのなら、もう今さら自分を変えられないし、相手を変えることもできない。だったら、自分の行く道を迷うことなく、「よし、もうこのまま行こう」という覚悟さえできれば、その先に見上げる空は、とても清々しいものです。

情けない会社だけど、自分のサラリーマン人生は、そう悪くはない。

そう思えたら、それが一番いいんじゃないでしょうか。

嬉野より

そういえば「出る杭は打たれる」ということわざがありますよねぇ。

目立ったやつがいたら、その頭をちょんちょんと叩いて背丈をそろえる的な。おまえだけ特別扱いはしないぞ的な。帰国子女なんかで、英会話なんて、教えてる英語の先生なんかより遥かにペラペラなんだけど、そのことで英語の担任に睨まれるのが嫌だから目立たないように控えめにしてる大人な態度的な。生活指導の先生とかが目を皿のようにしながら「目立ったやつがいると全体の規律が乱れる」というのを唯一の根拠にして女子にモテモテのイケメン男子の服装や髪型を厳しく指導している的な。校庭に全員整列させられて、「隊列を崩すな！」とか怒鳴られてる時みたいな感じです。口答えするやつはそれだけを理由に厳しく指導する的で、いけすかないけど、でもまぁどこか他愛もない中学時代で終わったことと思えるようなイメージでした。

ところが、手元にある国語辞書で「出る杭は打たれる」を引いてみると、次のように書かれているのです。

1「才能、手腕があって抜きん出ている人は、とかく人から憎まれる」
2「差し出たことをする者は、人から非難され制裁を受ける」

国語辞書は、このように記録しているのです。

私が勝手にイメージしていたものとはまるで違う。これは激烈なことです。才能、手腕があって抜きん出ている人は、その優秀さを理由に人に憎まれるのだと国語辞書は断定するのですから。中学時代で終わったことではなかったということです。そればかりではありません。そういう抜きん出た人は、差し出たことをする者と非難され、その優秀さが仇となり、制裁を受けるとまで書いているのです。制裁ですよ。

今回のあなたのお悩みに対する結論は、既に国語辞書に書いてあったではないかと、私は驚愕しながら辞書のページを閉じました。

辞書に書き残された言葉というものは、百年以上、あるいは数百年、命脈を保っている言葉なのだと思います。つまり、あなたの「会社組織への不信」というお悩みの根にある実態は、今に始まったことでもなければ、あなたの会社に限ったことでもない、そういうことになってしまうのです。

組織を編成するということは、個人では獲得できない巨大な獲物を捕獲するためです。草創期の人類がマンモスを狩るようなものです。数十人、数百人の人間が集まれば、中には指導力のある者、知謀に長けた者、俊足の者、力自慢の者といった他に抜きん出た才能を持つ者がいるものです。そういう人間はそれなりに癖があるのかもしれないけれど、でも、そういう突出した者が指導的な立場にいないことには、おそらく組織はただの烏合の衆になってしまうのですから。

それを思えば、組織の中にあって、才能があってそれを行動に移せる手腕を発揮する者が、どうして組織の中の人から憎まれるのでしょうか。その人を自由に泳がせていれば大きな利益を持ち帰ってくるかもしれないというのに、あたかも、それをされては困るというかのごとく逆にその人に憎しみをぶつけてしまうなんて、まったくもって不合理でしょう。

さらに、そういう水際立った手腕を見せる人を、一方的に「差し出たことをする者」という表現でまず貶め、その高い能力を隠蔽した上で公に非難し、しかし本音ではその人の優秀であることを危険視し、そのことを理由に高い能力のある者にあえて制裁を加えるというのですから、なんという理不尽でしょう。

にもかかわらず、こうした卑劣な理不尽を、国語辞書は、あたかも自然の摂理を受け入れるかのように淡々と書き記しているのです。

「出る杭は打たれます」と。「そういうもんじゃないですか」と。「どうしようもないです」と。「そうですよねぇ」と。もはや、国語辞書すら諦めの境地です。

このことを私たちは、どのように受け止めればいいのでしょう。

諦めるしかないということは、つまり、それが私たち人間の限界、ひるがえってみれば、私たちの社会の限界ということでもあるでしょうか。

優秀な仕事をする者を賞賛すべき立場にある者が、それをしないばかりか、あろうことかその優秀さを憎み、優秀な者に制裁を加えるというなら、そんな理不尽なことを断行してしまえる根拠は、あの暗い嫉妬心以外にないでしょう。

つまり他人を妬む、じめじめした心です。

「あいつがやるようには自分はできない」と、心密かに思った瞬間から嫉妬心は芽生え始めているのです。「あいつばかりが目立ち、あいつばかりが褒められ、あいつばかりが人気者では、まるで自分がいない者とされているようで自分の立場がないではないか」。人間は、自分の実力も顧みずそう思い始めるものということです。だからまず、自分の立場をなくしてしまうような優秀な杭は打ってしまいたい！　この欲求の中から憎しみが湧き上がるのです。

あなたの会社のように「自分のために保身できる者が昇進する」、つまり自分自信に嘘がつけて、決して上司に逆らわないような、口答えなんかしないで我慢できる、修行者のような者だけが出世する会社なら、それはそもそも上層部が保身を仕事だと思って生きている会社ということです。
外に向けては、誰かの口まねで力強い発言をしていても本人の中にビジョンがなければ、そもそも何をしていいかがわからないはずです。わからない時に「わからないんだよなぁ」と、正直に言えないのは自信のない証拠です。だからわかっている顔をして澄ましておくのがせいいっぱいです。そんなナーバスな時に、自分の弱点を追求して自分を論破し自分の立場を脅かすような恐れのある優秀な者は、石にかじりついてでも昇進させない。人間は、社会における自分の位置や自分の位階を切実に気にするのですね。やっとのことで獲得した自分のイスがある人は、そのイスにいつまでもしがみつこうとするのです。歳を取れば取るほどそのようです。だったら、いつか自分のイスを奪うかもしれないような優秀なやつは早期発見して駆逐しておくべきです。その早期発見の見極めは、「自分に口答えするか否か」だけ。実に杜撰《ずさん》です。

こうして、優秀がゆえに抜きん出てしまうような人は、組織を繁栄させる前に、組織によって叩き潰されてしまう。奇妙ですが、あなたのいる会社は、まさにそういうところです。つまり、誰も組織のことなんか考えていないのです。誰も全体のことなんか見ようとしてはいないのです。考えているのは、自分のことばかり。そして「出る杭は打たれる」という諦めの受け入れに至る、と。

「切磋琢磨する」とか「研鑽を積む」とか、そういうことも国語辞書には載っていますから、そういうことも間違いなく世間のどこかでは今でも果敢に行われているのです。でも、おそらく世間で一番多く普通に行われているのは「出る杭は打たれる」だと思います。こうして銘々が、社会のそこここで熱心に出る杭を打ってばかりいるもんですから、優秀な人はどんどん打たれていなくなり、ボンクラばっかりが権力に群がって社会全体のレベルは、どんどん下げられていき、でもそのことに危機意識を持つより、上に行きたい者は優秀であるよりはボンクラでいるほうが得だということを経験的に学習し、ボンクラな環境の中での出世のこつが確立され継承されていくという案配です。それがあなたの会社です。いや、ぼくらの社会ということかもしれないですね。国語辞書が教えてくれる記録を信じればね。

でも。その反面。「出る杭は打たれる」という、この理不尽なことわざを、私は「まぁそうだよなぁ」と、その不条理さにもかかわらず、いとも簡単に飲み込めてしまえるのです、実のところ。ということはです、「出る杭を打」ってしまいたくなる理不尽な反応は、本当は意外でもなんでもなく、私の中にもちゃんと「ある」ことなんですよね。私にあるんだから、あなたにもあるんです。つまりほとんどの人の中に「出る杭を打ちたくなる」という反応はあるという残念な結果になってしまうのです。

　現在、あなたは、あなたの組織のありように憤っているくらいですから、仕事ができる人なのだと思います。でも、そのあなた以上に仕事ができる人が、あなたの会社にゴロゴロ入ってきて、あなたを尻目にあっさり収益を上げていき、あなたの活躍できる場も、もうとくにはないということになったとしたら。その時、あなたの心持ちも、今とはずいぶん変わったものになっているのではないですか。あなたの周りには、上も下も横も切れ者ばかりといった優秀さで、もう、どこにも非難しなければならないようなボンクラもいないのです。あなたの会社は素晴らしい才能を持つ人ばかりでごった返しているのです。その時、あなたはどうするのでしょうね。問われているのは、そこなのかもしれません。

　おそらく、ぼくらという生命のありようは、この地球上に自分の遺伝子をつなぎ伝えていくだけでいいということなのでしょうね。「それでいいよ！」。遺伝子の声が聞こえるようです。どんな人間であるかは、それほど問われてはいないようです。どうやら遺伝子は、立派な人になることを我々人類には求めなかったのですね。だから人類10万年という時間をかけてもなお「出る杭を見れば反射的に打つ」という、この人類の体たらくです。人は、個体として生きながらえ、頃合いを見て異性と出会い、自分の子孫、自分のコピーを作る。「それだけやってればいいっすよ！」と、遺伝子は言うのでしょうね。割に寛容です。

宮沢賢治さんの言葉みたいに、とくに褒められもせず、でくのぼうと言われたり、オロオロしたり、涙を流したりして、とにかく丈夫でいるのが一番みたいなことなんでしょうね、本当の生きる極意というのはね。

さて、そろそろまとめないといけない段階に来ているのに、この体たらくです。

思うに。あっさり言えば、この世界には、優秀な人よりボンクラのほうが多いということです。つまりこれは比率の問題ということです（この比率は私の個人的見解では遺伝子の采配によるものだと思っております）。それでも、いざという時には、さすがのボンクラたちも抜きん出た才能と手腕を持つ優秀な人たちを祭り上げて自分たちを引っ張っていってほしいと1人の漏れなく思うはずです。優秀な人は、その時に必要な数だけ、いつの時代にも同じ比率で存在するのだと私は思っています。だから、普段、平穏な時は、多勢に無勢で、圧倒的な数を誇るボンクラの天下なのです。ボンクラ万歳です。だから優秀な人は気の毒なことに平穏な時は冷遇されるのです。まったくもってボンクラは勝手千万です。そのボンクラの1人として、私も肝に銘じておかねばならないと思うのです。

つまり、ほとんどの人は、それほど優秀ではないのです。

だいたい自分で自分を優秀だと思っている人は間違いなくボンクラです。だって、ボンクラと自分を比べて「自分は優秀だ」と思っているわけですから立派にボンクラの範疇に入っている人です。だから普段から自分がどれほどボンクラか見極めて、自分に正直でいようとすることが一番です。一度、お風呂に入った時にでも体中鏡に映しながらこまかく見ていくといいんです。きっとどこかにボンクラという烙印が押されているはずですから。それを早く見つけて、「あ！　ボンクラだった！」と、ホッとするのが一番です。だって遺伝子は言ってくれてるんですから、「ボンクラでいいんだよ」って。ということはつまり、基本、ボンクラで楽しく生きていけるようにこの地球はできているということです。だったら誰に気兼ねなくボンクラ万歳って生きていくほうがいい。いつまでもボンクラの烙印を見つけられない人たちが何かの間違いで出世して、どこかで、優秀な人に嫉妬して制裁を加えているのです。当人は、自分の嫉妬心は誰にもばれていないと思っているでしょうが、実際はバレバレなんですよね。そういう恥ずかしい人生を送るボンクラになるのだけは嫌だから、私はボンクラの烙印を、正直に世間に見せながら生きていくことに努めようと思うのです。だって、遺伝子がそうすることを強く勧めているのですから。「ボンクラカミングアウトをして心穏やかな人生を送りましょう」、私はそう呼びかける者であります。

一見、答えになっていないとあなたは思うかもしれないけど、これで実は、普遍的な答えを出していると、私は思うのですよ、あなた。

お悩み その18

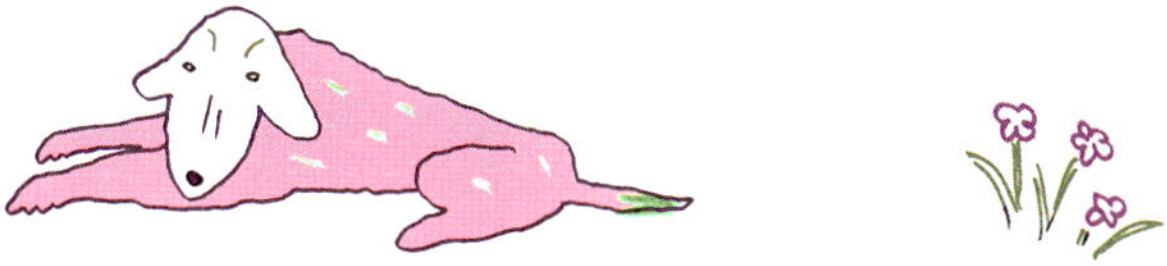

お悩み その19

どうしてテレビのニュースは
わるいことやこわいことを
たくさんはなすのに、
うみびらきとかの
たのしいことやうれしいことは
すこししかやらないんですか。

（10代男子）

藤村より

うれしいことや楽しいことって、あんまり人目をひかないからです。やっぱり、通り魔殺人があったとか、親が子供を殺したとか、そういうことを伝えたほうが人目をひくからです。学校でもそうでしょう。「運動会が開かれました」ってことより、「3組の山田くんが交通事故にあいました」ってことのほうが、みんなの話題になるでしょう。「知ってる？　山田くん1ヶ月入院だって！」「車が猛スピードで走ってきたんだって！」って、そんな怖い話のほうが、みんな盛り上がるでしょう。

テレビは、たくさんの人に見てもらわなければお金が儲かりません。「うみびらき」よりも「幼い子供が母親に殺された」というニュースのほうが、「かわいそうに」とか「怖い」とか、とても刺激的で話題になります。「知ってる？　あの母親って子供にほとんど食事を与えてなかったんだって」「ひどいよね！」って、そんな悪い人たちの話のほうが、ニュースは盛り上がるんです。毎日「うみびらき」とか「桜が咲いた」とか、そんなニュースばかりでは、テレビを見ている多くの人たちに「そんなの知ってるよ」「つまんない」と思われてしまうんです。だからテレビのニュースは、悪いことや怖いことをたくさんやるんです。

でも、キミだけじゃなくて、今や日本中の多くの人たちが「もう不幸なニュースは見たくない」『もうやめてくれ」って、思っています。ニュースキャスターが悲しい顔で、「こんなことがあっていいんでしょうか?」『こんな事件は許せません!」って言うたびに、「わかってるよ」って、うんざりしてしまう人がたくさんいます。でもテレビは相変わらず、悪いことや怖いことをやれば、たくさんの人が見てくれると思っています。

私は、テレビを作っている人間のひとりとして、そんなニュースを相変わらず作り続けている人たちに、「もっと世の中の人たちの気持ちをわかってくれ」って強く思います。「もっと時代を見てくれ」って強く思います。

今、東京で行われている原発反対のデモに、10万人以上もの人たちが毎週のように集まっているそうです。これまで日本で行われてきたデモというのは、一部の人たちが声を荒らげて何かを要求するものだと思われてきました。あくまでも参加しているのは、一部の人。でも原発反対のデモは、これまでのデモとは明らかに違います。普通の人たちが、こんなに多くデモに参加するなんて、前代未聞の出来事です。この出来事から、今の時代の流れ、世間の人々の考え方の変化が読み取れるし、ここから次の時代につなげるべき何かをテレビは伝えることができるはずです。それを伝えることができれば、デモのニュースも、人々は興味深く見てくれるはずです。でも、相変わらずテレビのニュースは殺人事件で盛り上がろうとしています。「こんな事件は許せませんよね！」『そう思うでしょう？みなさん』という、一瞬の感情で視聴者に同意を得ることしか、テレビの報道はできないんです。

とても情けないことです。

テレビは「今」を映し出すものです。「今、世の中で何が起きているのか？」を映し出すものです。でも、ただ映すだけなら、カメラがあれば十分です。携帯電話にすらカメラがついている時代ですから、そんなことはもう誰にでもできます。テレビのニュースがそれしかできないのなら、その存在価値は今の時代には、もはやないに等しい。本来、テレビのニュースがすべきことは今を映すことだけではなく、「今、起きていること」の「意味」を考え、そこから「次の時代へとつなぐもの」を見つけ出し、それが悪い方向へ向かうのなら、それを糾弾し、「今よりも、少しでもいい次の時代を作る力になる」ことだと思います。それが「ジャーナリズム」というものです。テレビの報道にジャーナリズム精神がなければ、ネット上に無数に流れている動画となんら変わりがありません。

キミは今、なぜ「うみびらき」とかのニュースをテレビで見たいと思ったのでしょうか？

それは、「うみびらき」という「季節の移り変わりを知らせてくれるニュース」を、今のテレビが大事にしていないからだと思います。それはもう、テレビに限らず、今の日本の社会全体が、季節の節目ごとに行われる行事を大事にしていないからです。お正月の風景ですらもうお正月らしさをなくし、単なるバーゲンセールの風景に成り下がってしまっている……そんな日本の現状に10代のキミは、どこかいたたまれない気持ちになっているのだと思います。殺人事件なんかより、自分にとって、もっともっと大事なことが、「うみびらき」や「桜の開花」や「節分の豆まき」や「紅葉の風景」の中にある、そう感じているのだと思います。おじさんも、そう思います。

去年、日本では大きな震災がありました。「うみびらき」のニュースを見て、楽しいと思えない人たちがたくさんいます。でも、だからこそ「うみびらき」のニュースを見て、「じゃあ来週、天気がよかったらみんなで海へ行こうか」って、そんな話が家族で普通にできるような世の中を、これからは目指していかなければなりません。テレビが、そんな幸せな世の中を目指してニュースを日々作り続けていくのなら、きっとそんな世の中が早く訪れる、おじさんはそう思ってます。

そう思って、これからもテレビの仕事を続けていくつもりです。

嬉野より

たとえばだよ。長い夏休みが終わってさ、子供たちが書いた夏休みの日記がドサッと担任の先生に提出されたとする。それを先生が読むよね。「夏休み、家族で海水浴に行ってすごく楽しかったです」そんな生徒の日記がある。これを読んだ先生は「あらよかったね」って思えてすぐ次の人の日記に行ける。だけど次の生徒の日記には、こんなことが書いてある、「夏休み、私には毎日がつらくて苦痛でした」いきなりこれを読まされて、先生はなんかドキドキして「やだ、何があったんだろう?」って気になった。「後で個人的にこの子を呼んで取材してみるべきかしら」って、ドキドキする自分をスッキリさせるために真相を解明しようと好奇心のようなものが湧いたりする。つまり、「楽しかったです」と書かれていた日記のようにはすぐ次の人の日記に行くわけにはいかなくなる。そして極めつけは「お隣さんと家族旅行に行ったんですけど、キャンプ場でお隣の一家が熊に襲われました」って日記があったら、「えぇ!」って読んだ先生はびっくりしちゃう。あんまりびっくりしちゃうと人間は不安になりすぎて自分の胸だけにしまっておけなくなるものだから、思わず隣に座ってる隣のクラスの担任の先生にも自分の不安を共有してほしくなって、話してしまう。

「先生! うちのクラスの○○の家族が熊に襲われたそうです」

お悩み その19

「えぇ！　マジすか！」

そう叫んでその先生もびっくりして「家族キャンプ場で熊に襲われる！」の日記を食い入るようにのぞき込んでしまう。そのただならぬ声を職員室中の先生たちが敏感に聞きつけて「え！　どうしたんですか？」「熊が出たんですか？」って騒ぎ立てる。

「えぇ、うちのクラスの○○の家族なんですけど」

「え！　○○大丈夫なんですか！」

「はい、○○は大丈夫だったんですけど、なんか隣のご家族が」

「え！　あいつの家の隣って△△先生のお兄さんの家でしょ！」

「えぇ！　マジすか！」

「電話！　電話！」

こうして、そのショッキングな日記に結局大勢の大人たちが群がって…。なんかね、そういう光景が想像してしまえる。

そう考えるとね、やっぱり基本的な構図として、ショッキングな日記のほうが、人を不安におとしいれる分、人は気にするし、そわそわドキドキさせられる分、親和欲求が増して、他人と集団でどうしても盛り上がってしまいがちということになる。となれば、「ショッキングな記事のほうがたくさん読まれていい商売になる」という発想が生まれるのは仕方がない話だよね、となる。

だから、ニュースといえども基本には商売という根性があるだろうから、人々がどういったニュースに群がりやすいかという経験値からニュースの選択は行われる。だから海開きのニュースは少ない。こう考えていいんじゃなかろうか。

ただね、だからと言ってだよ。夏休みが終わるたびに、生徒からショッキングな日記ばっかり読まされる羽目にでもなれば、先生だって思うはずですよ、「もっと楽しい夏休みの日記が読みたいな」って、「どうして海開きとか楽しい話題がないのかしら」って。そうしてあげくには、夏休みの日記のページを開くのもイヤになる。だって開けば必ず家族に起きたショッキングな事件やら凄惨な事故の話やら怖い記事ばかりが、克明に書かれているんだからね。こういうものばっかり読まされていると状況も変わるということですよね。もう前のように隣の先生にだって言いたくもなくなります。だって言ったたって隣の先生も「いやぁ、もういいっすよ、ショッキングな話は」ってテンション低く言うようになる。職員室中が、もう夏休みの日記には触れなくなる。「夏休みの凄惨な日記と俺の人生と何のつながりがあるというんだよ」みたいなね。

だから、キミがニュースに対して今疑問に思っていることとって、つまりは、怖いニュースばかりを見せられているぼくらの気分が、つまりは、怖い日記ばっかり見せられた挙げ句の果ての職員室の状況になってるんじゃないのってことなんだよね。

ぼくはね、ニュースも商売って考えはしょうがないって思うんだけど、だったら、商売なら商売で、もう少し客の心理を考えてくれないと肝心の商売も立ちゆかなくなるんじゃないのって思うのです。

世の中が、もう少し単純で、大人たちには仕事があって、大人は社会での自分の役割を自覚していて、ふつうに家族を養えていて、経済も順調で、誰もがお金持ちではないけれど、もう目を覆いたくなるような貧乏もなくなって、自分たちの暮らしも中流だよねぇって思えて、車も持ったし、ローンは残っているけど家も買ったし、娘の結婚も決まったし、息子の就職の世話も親戚の紹介でどうやらうまくいきそうだし、自分も家族を養ってここまで来れたしって、大人たちに社会を背負っているんだっていう自覚があって、若者が、その自分たち大人の社会へ参入してくる、これから日本ももっとよくなる、時代は順調に動いている、そう思わせるような時代であればね、「今日、どこそこで、どんなことが起きました」っていう撮って出しのニュースの提供だけでよかったんだろうし、ショッキングなニュースにだって人は群がっていられる余裕も持っていただろうけど。

でも、時代はあれからずいぶん推移して、ぼくには、今の世の中が、いまだに平穏に動いていることのほうが、実は不思議に思える時があるのです。この平和がいつまで続くんだろうってどうしても思ってしまう。平穏でいられる根拠がよくわからないからかな。

あてずっぽうで言うんだけど、きっと、今、ぼくらが生きている時代は、もう、ぼくらが昔から知ってる世の中とは違ったものになってしまってずいぶん日が経っているんじゃないのかなぁ。

そのことには、キミをはじめ、ほとんどみんなが気づいているんじゃないだろうか。そして、気づいてはいるけど、でも、それじゃあね、今はいったいどんな時代になっているのって聞かれたら、そこまでは誰もわからないから、仕方ない、そのままにしてる。

でも、今の社会の仕組みもシステムも、こんな時代じゃなかったころに機能していたシステムだから、変わってしまった今の時代には、きっと無駄に機能しているばかりなのだと思うの。その無駄の垂れ流しのようなことだけは、ぼくらにも体感できるんだろうね、だから違和感を覚えながら、その違和感の原因がなんだかわからず、違和感の中で、今の時代にさして必要でも有用でもないことばかりを聞かされたり見せられたりしている気がしてしまう。

つまり、体のサイズが変わってしまったのに、いつまでも昔のサイズの服を着ているような、なんか、そんな違和感を覚えているのかもしれない。いや、ひょっとしたら、自分はお葬式に参列しているのに、喪服じゃなくて、場違いに、いつまでも真っ赤なアロハシヤツを着ているような、なんか、そんな違和感なのかもしれない。
今、ぼくはね、ぼくらと、ぼくらの住む日本という国が、本当はどういう状況なのかを知りたいよ。

国民ひとりひとりが赤ん坊の果てから背負わされているという借金を全部吐き出したら、ぼくらはどれくらい貧乏になるんだろう。輸入を今、全部ストップしたら、今の日本の人口を抱えて、ぼくらはどんな困難なことになってしまうのだろう。ぼくらが、そういうことを自覚しないで、ぼくらが、日本人の本当の実力を知りもしないで、こんなに呑気にお気楽にしているから、得体の知れない不安を感じるのだと思うの。自分たちの本当の身の上を知った上で、これから、この先、ぼくらは何を目指せば幸福になれるだろうって、そのことを、誰かに教わったり、誰かと一緒に考えたりしたい。そうしながら、この、おそらく、今の時代に合わなくなってしまったいろいろなシステムを、なるべく、時代に合うものに変えていきたい。

キミの質問を読んで、やっぱりそんなことを思うよね。

お悩み その20

独身で彼氏もいないため、ただでさえそのことが辛くて焦っているのに、母親と会ったり連絡を取るたびにそのことで責め立てられ、ここ一年はまともな会話がろくに成立しません。母にも無理をさせて憧れの医者になったものの、現実はドラマとは違ってひたすら忙しくて最近は出会いもない。今まで何人か交際した人もいましたが結局うまくいかず、今は結婚相談所なども利用しています。

そもそも自分だって今さら誰に言われなくても彼氏も欲しいし結婚もしたい。そういったことを話しても母は結婚という結果が出ていないのだから言い訳だと切り捨てます。ナーバスになった私が泣いても、ひどく罵られて終わりでした。でも甲斐性がなく、家庭放棄した父に代わって誰よりも苦労しながら私を育ててくれたこと、祖父母の介護や母自身も癌との闘病で決して体調がよくないこと、そして最近とくに会うたびに母の背中を小さく感じることが私を思いとどまらせます。こんなことは誰にも言えなくて、時々思い出しては寝る前にこっそり泣くだけの私に、ひと言、励ましをください。

（31歳女性）

藤村より

この前、アフリカに行ってきたんですよ。向こうは雨期でね、観光シーズンとしてはオフシーズン。ザーッと強い雨が降れば一気に川が増水して、道が寸断されたりして思うようには動けない。でもね、その代わりに、アフリカの乾いた大地が、一面芝生のように鮮やかなグリーンになって、そこで野生動物たちがのんびりと草を食んでいる。テレビでよく見る「水場を求めてやせ細った動物たちが移動し続ける容赦ない野生の厳しさ」みたいなのが、まるでなくってね。あんな野生の楽園のような場所が、まだこの地球上にあったのかと思うと、たまらなくうれしかったなぁ。

あなたも、いつか行ってみてください。ひとりでもいいし、母親と一緒でもいいし、女友達でもいいし、彼氏でもいいし、優しい旦那さんとでもいい。

いつか、行ってみてください。

その前に、もしもどっかの居酒屋で隣り合わせたなら、一杯やりましょう。

アフリカの話、いろいろ聞かせますよ。

あなたの話もいろいろ聞かせてくださいよ。おごりますから。

嬉野より

お母さんはきっと、若いころから大概のことはやれてしまうほど現実対応力の高い人だったのではないでしょうか。そういう女の人が、ダメっぽい男の人と一緒になることは意外にあります。彼女は、ダメっぽい男の人に、自分にはない無防備なところを見て、それが何か無欲に起因する純真なもののように思えてしまうのかもしれません。とくに日本がまだ男社会だった昔に娘時代を送った人であれば、男を出し抜くほど高い能力を持つ自分を「なんて、可愛げのない女なのだろう」と悲観することもあったかもしれません。それこそ結婚を考え、恋をするような年ごろにはね。

人間はおかしなものでね、自分ができてしまうことには、それほど価値や満足感を持てないものです。やればできてしまうことは「こんなことは誰にだってできることだわ」と思えてしまうのです。お母さんみたいに、そこまでできる人はなかなかいないのにです。それよりは、自分にできないことをしてしまえる人に憧れてしまう。たとえば男の人を頼りにして、男の人を立てて出しゃばらず、控えめでいられる女の人。そんな人を見るたび羨ましく思ってしまう。そして悲しく思うのです、そういう可愛らしい女に自分はどうして生まれつかなかったのだろうと。お母さんの選択肢には控えめにという生き方がそもそもなかったのです。どうしたってうまく立ち回れてしまう。そこを評価してもらえず、「女のくせに……」という批判めいた視線を向けられてしまう——そんな男社会を生きてきたなら、若かったお母さんは責めなくてもいい自分を責めることだってあったかもしれない。

もちろん勝手な私の妄想です。ですが、そう推測していくと、お母さんの人生に、いじらしいという一面が浮上してくるのです。

そんな若いお母さんの前に、無策な姿勢で生きる若者が現れます。お母さんにしてみれば、策もなく生きているなんて自分にない姿勢だけに奇妙な憧れを抱き、やがてひかれていったのかもしれません。

「この人は世間ではダメな人と言われている。けれどそれは違うの。この人はダメな人なんかじゃない。この人は、気が優しくて欲がなくて純粋なだけ。だから私の力で後押しすれば、この人はきっと立派な男になる。私がこの人を立派な男にする。それが私の人生。私の喜び」

こうしてお母さんたちは結婚しますが、現実は、お母さんの予想を裏切る形で大きく食い違っていくのです。あなたのお父さんという人は、決してダメな人ではなかったろうけど、奮起することはとうとうなく、ついに自分に負けてしまった人だったかもしれませんね。お母さんは自分のことであれば奮起して努力して乗り越えてきた人だったけれど、自分自身ではないお父さんのことだけは、とうとうどうすることもできなかった。結局、他人は自分の力ではどうすることもできないのだと、そのことを知るしかなかったのです。

お母さんはそれから、お父さんの経済的な面倒まで見ながらあなたを育てた。それは並大抵でない人生だったでしょう。それでもへこたれることなく、医者の道へ進みたいと言うあなたの夢さえ経済的に支えてくれた。自分で蒔いた種とはいえ人生の負債はすべて自分で黙々と刈り取っていき、その上さらに希望と夢の種を蒔き育てさえした。たいしたものだと思います。

そのお母さんは今、病気を抱えながら祖父母の世話までしている。こんなに人間として強く、かつ高い現実対応力を持つ人は、そうそういるものではありません。

だから、普通はあなたのように弱音を吐きたくなる時があって当然なのです。誰かにすがりたくなるほど弱気の時があって当然なのです。自分を受け止めてくれる誰かに傍にいてほしい、そう強く願って当然なのです。でも、それらの衝動はきっとお母さんにはないものばかりなのでしょうね。だからあなたは、どこまでも理解してはもらえないのです。でも、あなたは今、理解してほしいという願いが強い。結婚を焦ってしまう理由もそこに由来するのかもしれません。でもそういう時に、求める希望の人は、どうしてだか現れない。だから無駄とわかっていても耐えられないほど辛い時、あなたは仕方なくお母さんに連絡して弱音を吐こうとする。だけど、案の定「そんなことは言い訳よ」と強力なお母さんは、あなたが吐きたい弱音を頑として受け入れず、あなたに押し戻してしまう。

結局あなたのような状態の人に一番してはいけないことをする人しか、今のあなたの傍にはいないのです。それを思えば人生とは辛いものですね。

でもね。

それでも、あなたが書き送ってくれたお悩みの文章を読みながら、人間っていいよなぁって思ってしまったのです。だってあなたの人生は空っぽではない。いろんなしがらみに絡め取られながら、けして軽やかにとはいかないだろうけれど、足を引きずっても、泣きながらでも、あなたは何かを乗り越えようとしているのですから。それがたぶん、生きるということの姿なのだろうなと私はあらためて思ったのです。

だからあなたは人生を今ちゃんと生きている。

まだまだこの先もうまくいかないことばかりかもしれないけど、でも、あなたは、おそらくわかっているはずです。

生きることは受け入れることだということを。

教えてくれたのはお母さんです。現実を受け入れ、運命を受け入れ、いつまでも立ち止まらず対処して対処して乗り越えてきたお母さんの姿を、あなたはずっと傍で見てきたから。そのお母さんの人生が、ぼくには不幸とは思えない。それどころか、お母さんの人生は見事な人生に思えるのです。だったら人生の意義って本当はなんなのでしょう。

うまくいくとか、いかないとかとは違う場所で、人生の意義というものは光を放って輝いている。

そう思えたのです。

世話になれば意見もされる、それが面倒だからとしがらみをなくし、周りから結婚の心配をされても「婚活中」というひと言さえ放てば面倒な追求はすべてかわせてしまう。「アラサー」とか「アラフォー」とかいうボカした表現に守られて、いつまでも自分を見つめることから逃げ回れる。生きていくなら考えなければならないことがあるはずでも、それを面倒、煩わしいと思えば、たったひと言でスッキリさせてくれる便利に過ぎる言葉が今の時代には用意されている。乗り越える前に乗り越えるべき問題そのものを無効にしてしまう言葉たち。複雑なしがらみの網で人と人とを捉えて、いつか人生を濃く豊かなものに導くはずの関係性の綱、その綱を流れる赤い血が面倒だからと止血して、一刀両断にしてしまう。こうして、やがて空っぽになっていくだろう時代の中で、あなたは強すぎるお母さんと、これからも濃すぎる親子関係を続けていくのでしょうから、それは円満とは言い難い関係かもしれないけれど。

でも、そんな2人の人生を眺めることは、人として心の潤うことだった。

その事実を私はあなたの投稿文に教えられた。

きっと人間にとって何より恐ろしいことは、空っぽな人生の中で人間そのものが空っぽになっていくこと、そして空っぽになってしまった人間を眺めること、それなんでしょうね。

さて、あなたたち親子の話に私の心は慰められたのですという話を長々と書いてしまいましたが、果たしてあなたの心は慰められたのでしょうか。

それでは、健闘を祈ります。

お悩み その20

おわりに

「ここに地果て海始まる」

そんな碑文がポルトガルのロカ岬にあるそうでね。そういえば昔、藤村くんと牛追い祭を見に出かけた時にレンタカーの窓から見たスペインの大地は、どこまでもどこまでも続く石ころだらけの大地だった。ありゃあ、これだったら耕しても耕しても石ころが出続けるばかりなんだろうなって思いながら、走る車の窓から絶望的な気分で眺めていた。日本とは違うんだなぁ、日本とは比べ物にならないほど不毛な世界があるんだなぁってあの時思って見ていたから、その碑文の「ここに地果て」というフレーズを読んだ時、ぼくの頭に浮かんできたのは、あの時の石ころだらけの不毛な大地の風景で。あんなものが果てしなくスペイン、ポルトガル地方には横たわっていて。その不毛がやっと終わった、そしたら今度は、そこから海という、また別の不毛が始まっていたという。なんだか、これはひどく絶望的な光景を歌っているように思えたのだけれど。でも、だからこそ反対に惹かれるところがあって、あれはなんだろう、そんな絶望的な不毛を前にしても、それでも臆することなくそれを引き受けるのが人間というものの姿だって、そのポルトガルの詩人が言っているよう受け取れたのか、妙に心が奮い立つような気がしたのだった。なんだか気持ちがスッキリするところがあったのだ。

で、去年だ。藤村くんと、ある大学の学園祭に呼ばれた時、学生さんに、最後に何かメッセージをくださいと言われて、このロカ岬の碑文のことを思い出した。そして、見渡せば、既に半世紀以上生きてきた自分よりも、30年ほども若い人たちを前にしてこんなことを言ったと思う。結局ぼくらはあなたたちに何もいいものは残してあげられず消えていく世代なのだろうと思うと。いいものは何も残せず、ただ、どこまでも続く漠とした不毛さだけをあなたたちに残して消えていくのだと思うと。でも、それがなぜか、そんなに悪いことではないような気がするのだと。不毛しか残すことができず消えていく世代と、その不毛な世界に取り残される世代。それほど、ぼくらの生きる環境は手強く、何世代も何世代もかかってしか、不毛は豊かさへとは変えてはいけないのだと。そのことを双方の世代が認識することって、なんだか、とっても気持ちが謙虚になれる気がして、その気持ちの謙虚さが、人間が本来持っていたスタンスだったんだろうなって思えるところがあるのだ。そしてきっとその人間のスタンスは、今も変わってはいないんだと思う。だからこそ、ロカ岬の碑文を読んで、果てしなく横たわる不毛を前にして、どこか心がスッキリするところがあったのだと思うのだ。

思い通りにはいかない。それでも、何世代も何世代もかけて、じわじわ、じわじわと思い通りのものへと変えていく。

諦めてはいないのだ。

人間というのは、本来、謙虚で、ふてぶてしいのだ。

それが、ぼくら人間の生きていくスタンスのような気がする。そうぼくには思えるのですが、さて、いかがなもんだと、みなさんは思われますでしょうか。

嬉野雅道

山里で炭を焼きました

大分県竹田市で姫だるまを作っている後藤さんのご実家に、再び仲間たちが集まって、今度は炭を焼くことになりました。

藤やんもうれしーも、集まった人のほとんどが炭の焼き方など知りませんでした。窯の持ち主である後藤さん家のおじいちゃんに、あれこれとコツを教わりながらの作業です。それがまた楽しい。

「うまくできなくったって、それはそれでいいじゃない」

みんなで手を真っ黒にしながら、楽しんだ日の写真を集めました。

山の中に建つおじいちゃん家の、広い畑の一角にある炭焼き窯。数年に一度、山から木を切り出し、炭を焼く。間伐と生活とのバランスが取れた仕組みも、今ではすっかり昔のことになってしまいました。

軽トラ5台分の木を窯に入れてびっしりと並べ、空気の通り道を作りつつ入口を塞いでいきます。火入れ前には窯の神様に御神酒を。

一方、庭先では摘んだヨモギで餅つきの準備が進んでいました。

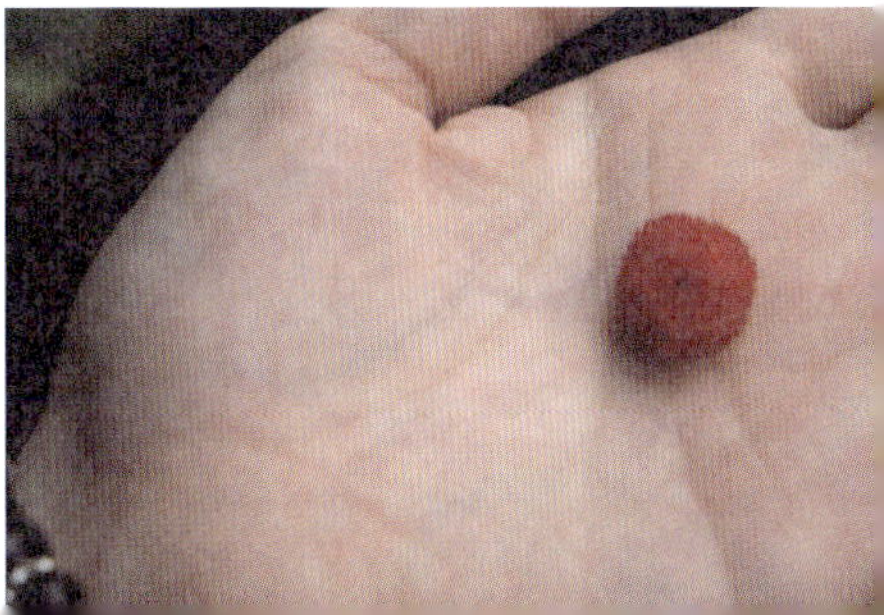

火を入れたら、もう
やり直しはききません。
男たちは交代で火守り
をしつつ、餅つきにも
駆り出されます。
やれ、忙しいことだ。

やがて窯の煙突から、酸っぱい木酢の匂いがする白煙がもくもくと。

「これが出たらひと安心じゃ」

餅を食べ、夜通し火守りをし、窯に蓋をしたら、あとはただただ待つばかりです。

数ヶ月ほったらかしにして、いよいよ窯を開けてみました。

「すげぇ、できてる！」

歓喜の声、声、声。

窯の奥のほうまで、木の形を残した立派な炭がびっしり。

「失敗したら、全部燃えてしまうからの。よかったな、うん」

おじいちゃんも納得のでき！

窯から取り出した炭は大小さまざま。

「もう死ぬまでこれで過ごせるなぁ」

「やり方、覚えたかい？」

餅つきと同じように、おじいちゃんの
知恵を、コツを、皆が受け継ぎました。

ちゃんと火がつくかな。七輪に炭をくべ、火を入れると、すぐに真っ赤になりました。

よぉし、焼いてみよう！大胆に尾頭つきを炙ります。おいしそうな香りが庭先にあふれ、思わずお腹が鳴りました。身はふっくらと焼け、肴にすれば、酒だって進む、進む、進みまくる。

昔ながらの、土間の台所。竈《かまど》に薪をくべて、白いごはんを炊きました。

「火は怖いもの。だけど火は、どこか安心する。上手に使えればちゃんと生きていける、そんな気がするね」

薪の炎と、赤く燃える炭の熱。そのありがたさを思いながら、おいしいものを食べ、酒を飲み、夜は更けていきました。

人生に悩む人よ 藤やん・うれしーの

続・悩むだけ損！

著者
藤村忠寿
嬉野雅道

イラスト
鯨森惣七

企画・編集
松下 彩

カバーデザイン
小林博明（Kプラスアートワークス）

本文デザイン
冨畑浩二（電撃オンライン）

DTP
株式会社明昌堂

取材協力
後藤姫だるま工房とカレイなる仲間たち

発行
2013年9月30日　初版発行

発行者
塚田正晃

発行所
株式会社アスキー・メディアワークス
〒102-8584　東京都千代田区富士見1-8-19
TEL.03-5216-8258（編集）

発売元
株式会社KADOKAWA
〒102-8177　東京都千代田区富士見2-13-3
TEL.03-3238-8521（営業）

印刷所
図書印刷株式会社

Printed in Japan

ISBN978-4-04-891596-0 C0095
小社ホームページ　http://asciimw.jp/

「お悩み その1～19」は電撃オンライン2011年10月12日～2012年9月5日に掲載。

これらの原稿を本書では加筆修正して掲載しています。